D1513543

Envoyé spécial

Du même auteur

JE – Le guide de survie du consommateur québécois, avec la collaboration de Karyne Boudreau et Elsa Babaï, Trécarré, 2007

Michel Jean

Envoyé spécial

Une compagnie de Quebecor Media

Catalogage avant publication de Bibliothèque et Archives nationales
du Québec et Bibliothèque et Archives Canada

Jean, Michel

    Envoyé spécial
    Autobiographie.
    ISBN 978-2-7604-1047-3
    1. Jean, Michel, 1960- .
    2. Reporters - Québec (Province) - Biographies. I.
    Titre.
PN4913.J42A3 2008   070.4'3092   C2008-941123-4

Édition : MARTIN BALTHAZAR et JOHANNE GUAY
Révision linguistique : MARIE PIGEON LABRECQUE
Correction d'épreuves : ANIK CHARBONNEAU
Couverture : MARIKE PARADIS
Grille graphique intérieure : MARIKE PARADIS
Mise en pages : HAMID AITTOUARES
Photo de couverture : LUC TREMBLAY
Photo de l'auteur : ROBERT ETCHEVERRY

Remerciements
Les Éditions internationales Alain Stanké reconnaissent l'aide financière du gouvernement du Canada par l'entremise du Programme d'aide au développement de l'industrie
de l'édition (PADIÉ) pour ses activités d'édition. Nous remercions le Conseil des Arts du
Canada et la Société de développement des entreprises culturelles du Québec (SODEC)
du soutien accordé à notre programme de publication. Gouvernement du Québec –
Programme de crédit d'impôt pour l'édition de livres – gestion SODEC.

Les Éditions internationales Alain Stanké
Groupe Librex inc.
Une compagnie de Quebecor Media
La Tourelle
1055, boul. René-Lévesque Est
Bureau 800
Montréal (Québec) H2L 4S5
Tél. : 514 849-5259
Téléc. : 514 849-1388

Dépôt légal – Bibliothèque et Archives nationales du Québec
et Bibliothèque et Archives Canada, 2008

ISBN : 978-2-7604-1047-3

Distribution au Canada
Messageries ADP
2315, rue de la Province
Longueuil (Québec) J4G 1G4
Téléphone : 450 640-1234
Sans frais : 1 800 771-3022

Diffusion hors Canada
Interforum

À Monia.

Pour pouvoir juger, il faut être sur place.
Bronislaw Malinowski

Table
des matières

CHAPITRE 1 >>>
L'accident

C'était une splendide journée de l'Action de grâce. Dominant le ciel royal de Charlevoix, le soleil irisait les montagnes multicolores des Éboulements, déployées en théâtre naturel devant l'île aux Coudres, tranquille comme toujours. Blasé, le fleuve continuait de couler indolemment, emportant vers l'océan, dont il s'imprègne déjà de l'odeur, de gros navires sombres.

Je ferme les yeux un instant, me laisse rôtir à feu doux par la chaleur. J'en oublie un instant l'air vif de l'automne, et surtout, ces corps qui reposent devant moi. Deux douzaines de corps déposés sur l'herbe, deux douzaines de cadavres, alignés en deux rangées d'égales longueurs. Chaque corps est entièrement recouvert d'une couverture, de celles qu'on place sur les morts. Ils attendent qu'on vienne les chercher. Une vingtaine de leurs compagnons sont déjà partis, ont pris la route de la morgue de Baie-Saint-Paul. Même si l'on a fait appel à toutes les ambulances de la région, on a manqué de place pour ceux-là, et ils attendent maintenant leur tour, là, sur l'herbe.

Des habitants des Éboulements, qui tentent de les cacher au regard des passants, tiennent de grands draps blancs devant eux. Geste de pudeur et de compassion, mais inutile. Car les corps ayant été retirés de l'autobus à la hâte, puis placés à côté en attendant d'être emportés, se trouvent toujours en contrebas de la route et restent ainsi exposés, malgré de vaillants efforts pour les dissimuler. Mais ces citoyens qui, debout en silence, cherchent à préserver ce qui reste de dignité à des inconnus expriment éloquemment, à leur manière, leur solidarité. Dans le malheur, les symboles sont souvent tout ce qui reste aux hommes pour communiquer.

Le temps est parfait, la nature déploie ses charmes une dernière fois avant de s'endormir pour l'hiver. Que la cruauté de la mort contraste avec le paysage, me dis-je en silence, en prenant une dernière bouffée d'air pur de Charlevoix. Comme ça fait du bien…

« Michel ! Attention, on entre en ondes dans trente secondes. »

14 h 01 : Lac-Saint-Charles

Je venais tout juste de terminer mon émission. Une émission spéciale sur les avions de brousse. Les jours fériés étant habituellement pauvres en actualité, nous en profitions pour faire ce genre de thématique puisque *Le Québec en direct* était diffusé même les jours de congé. J'avoue que le sujet d'aujourd'hui cependant ne m'avait pas particulièrement excité. Mais les sujets ne sont pas toujours excitants de toute façon. J'avais surtout hâte de rentrer chez moi, car mes parents qui venaient passer quelques jours à la maison s'étaient arrêtés pour me saluer sur le plateau de tournage. L'état de santé de mon père m'inquiétait. Les médecins avaient trouvé des nodules sur ses cordes vocales. Les tests qu'il devait passer à l'hôpital Hôtel-Dieu de Québec allaient permettre de déterminer si les tumeurs étaient cancéreuses. J'étais, comme toute la famille, mort d'inquiétude, mais comme les autres, je ne laissais rien paraître.

Au moment de partir, le réalisateur Jean-Pierre Veillette vient me voir. «Michel, attends un peu. Il paraît qu'il y a eu un gros accident dans Charlevoix. Nous allons peut-être devoir y aller.

—Hein? Écoute, Jean-Pierre, je dois partir, mes parents sont ici et m'attendent. Monia a préparé un souper pour ce soir. C'est l'Action de grâce. Depuis quand couvrons-nous les faits divers?»

J'avais l'habitude de couvrir les crises, mais pas les accidents, réservés aux reporters de faits divers.

«Il paraît qu'il y a au moins vingt morts, réplique Jean-Pierre.

— Vingt morts? Ben voyons donc! Ça me paraît exagéré. Vingt morts, quand même!»

Mais je n'ai guère le choix. C'est mon travail. Je vais prévenir mes parents, leur expliquer de ne pas m'attendre, que je les rejoindrai un peu plus tard.

«Ne vous inquiétez pas, je serai là pour le souper, ne vous inquiétez pas.

— Pas de problème, Michel, me dit mon père avec son sourire le plus affable. On va garder le homard pour nous! ajoute-t-il en s'esclaffant cette fois bien fort.

— Non, pas tout le homard», imploré-je.

Une minute plus tard, je retrouve un Jean-Pierre de plus en plus fébrile. Il semble qu'il s'est effectivement passé quelque chose de gros.

«Écoute, Michel, nous n'avons aucune confirmation pour le moment, pas plus que de chiffres sûrs, mais il paraît que c'est un gros accident. On ramasse nos affaires en vitesse et on met tous le cap vers Les Éboulements. Le camion de diffusion satellite doit être opérationnel dans moins de deux heures. Compris?

— D'accord, Jean-Pierre. Dans ce cas, je pars tout de suite avec Raymond, mon caméraman.»

Lac-Saint-Charles se trouve à environ quarante-cinq minutes à l'ouest de Québec. Il nous faudra donc près de deux heures pour atteindre Les Éboulements, dans Charlevoix. En attendant, je vais en profiter pour obtenir une confirmation du sérieux de l'accident. Les mieux placés, ce sont les gens qui sont déjà sur place. Il suffit d'en trouver un. Le fait de ne connaître personne aux Éboulements ne constitue pas un obstacle majeur. Dans ces moments, le téléphone est le meilleur ami du journaliste. Un ami, et surtout, un outil de travail d'une redoutable efficacité. En quelques minutes, grâce à l'assistance annuaire, je réussis à trouver le numéro de quelques-unes des auberges des Éboulements. J'en choisis une au hasard, compose son numéro. Après de longues secondes d'attente, une voix d'homme répond.

«Bonjour, mon nom est Michel Jean, de RDI, je m'excuse de vous déranger, mais j'ai une demande particulière à formuler.

— Oui, de quoi s'agit-il ? répond d'une voix enjouée mon interlocuteur.

— On me dit qu'il y a eu un gros accident en bas de la côte des Éboulements. Êtes-vous au courant ? »

L'aubergiste paraît surpris.

« Non, je ne savais pas. Nous sommes pourtant situés près de la côte. En tout cas, on ne la voit pas d'ici et je n'ai rien entendu. »

J'insiste et demande à mon interlocuteur s'il accepterait d'aller vérifier sur les lieux. « Ça nous rendrait un immense service, je vous assure.

— Bien sûr, rappelez-moi dans dix minutes.

— Merci infiniment. »

Pendant ce temps, je contacte mon ami Charles Ménard, recherchiste à la salle des nouvelles de RDI. Lui non plus n'a toujours pas de confirmation du nombre de victimes. La police ne dit rien. Toutes sortes de chiffres circulent. On parle de dix morts, vingt, trente. La rumeur s'emballe et tout ce que l'on sait pour l'instant, c'est que c'est gros. Charles raconte que la salle des nouvelles est en mode d'alerte générale, mais cela ne m'avance guère. Je raccroche et rappelle l'aubergiste. Cette fois, il répond rapidement.

« Et puis ? Avez-vous vu quelque chose ? » dis-je.

L'homme a perdu son entrain. Sa voix s'est assombrie, comme lorsqu'on s'apprête à annoncer une mauvaise nouvelle.

« Oui, il y a un gros accident. Un autobus est sorti de la route en bas de la côte. Il y a des dizaines de morts. C'est terrible, terrible.

— Merci infiniment, monsieur. »

Je rappelle Charles à Montréal. « Chuck, c'est un gros accident et, effectivement, il s'agit d'un autobus. Une personne sur place me confirme qu'il y aurait plusieurs victimes.

— Merci, Mike. On s'en occupe, à plus tard. »

Pendant qu'à la tête du réseau, à Montréal, toutes les énergies sont consacrées à tenter d'en apprendre davantage sur les circonstances de l'accident, le nombre de victimes et leur identité, afin de le rapporter en ondes dans les plus brefs délais, la mission de mon équipe et moi est de nous rendre aussi vite que possible aux Éboulements pour y couvrir l'événement en direct. L'objectif est d'être les premiers sur place et je sais que nous y arriverons. Le camion satellite de TVA le plus près est à Montréal. Et en plus, c'est le congé de l'Action de grâce. Nous avons donc au moins cinq heures d'avance, une éternité.

Même si la perspective de me retrouver face à autant de victimes est loin de me réjouir, je suis fébrile. L'adrénaline coule dans mes veines. Comme l'a déjà dit mon ancien patron, nous, les journalistes, sommes comme les médecins. On ne souhaite pas que les gens tombent malades. Mais c'est quand ils le sont que nous pouvons opérer.

15 h 30 : Les Éboulements

Raymond roule vite. Nous avons croisé des ambulances sur la route, des policiers également, ce qui contribue à notre fébrilité. La côte des Éboulements, au pied de laquelle s'est écrasé un autobus à bord duquel se trouvaient quarante-huit passagers, est fermée. Il faudra donc emprunter la vieille route située plus à l'ouest. En amorçant la descente, qui commence doucement, Raymond roule encore à fond. Il a à peine réduit la vitesse de la camionnette.

« Es-tu déjà passé par là, Raymond ?

— Non, pourquoi ?

— Jamais allé aux Éboulements ?

— Euh, non.

— Ça descend en sapristi ! Ralentis si tu ne veux pas que de nouvelles victimes s'ajoutent au bilan actuel. » Ayant déjà moi-même manqué de frein dans la côte des Éboulements avec ma vieille Honda, il y a quelques années, je sais combien il faut l'aborder avec le plus grand respect. Mes freins n'avaient pas supporté la chaleur de juillet et je n'avais réussi à immobiliser mon auto que de justesse, quitte pour une bonne frousse. Mais je n'avais certes pas oublié l'incident.

La vieille route dévale la montagne en cascades. Avec des inclinaisons qui dépassent 20 % par endroits, elle est encore plus sinueuse et pentue que l'autre. On se sent littéralement plonger vers le fleuve devant nous. Au terme d'une descente qui donne le vertige, la route débouche sur une intersection en T. À droite, elle mène au traversier de l'île aux Coudres, à gauche, elle remonte vers la montagne, et là, à quelques dizaines de mètres, se trouve une foule de secouristes, de policiers, et quelques curieux. Nous y sommes. J'appelle aussitôt Montréal pour les prévenir. Dans une chaîne continue comme RDI, être le premier sur place, le premier en ondes, le premier à diffuser des images, c'est le nerf de la guerre. Quelques secondes plus tard, je me retrouve en ondes au téléphone.

15 h 40 : Les Éboulements

L'autobus est sorti de la route dans le tout dernier virage. Il y était presque, presque rendu au bout de sa course folle. À cet endroit, un pont traverse une petite rivière qui se jette dans le fleuve. L'autobus de passagers, privé de ses freins, est arrivé bien trop vite pour négocier cette courbe, la plus serrée de toute la descente, un dernier virage à droite avant que la route s'aplatisse et que la descente devienne une paisible route qui longe le fleuve. Le car a sauté pardessus le pont, il a survolé la rivière pour finalement aller s'écraser lourdement sur les rochers au fond d'un fossé. La carcasse de métal tordu y repose toujours, étendue sur son flan gauche, tel un navire échoué sur le rivage. Une multitude de secouristes s'affairent autour d'elle comme des fourmis. À côté, sur l'herbe, les victimes reposent, silencieuses, désormais imperméables au tumulte qui s'agite autour d'elles.

Nous nous activons aussi à notre manière. Je décris la scène du mieux que je peux au téléphone, pendant que Jean-Pierre et les gars, qui viennent d'arriver, déploient en toute hâte notre camion satellite. On m'installe un télex, un micro télé, alors que je continue de parler avec Michel Viens, l'animateur en studio à Montréal. Pour l'équipe de RDI, c'est une course contre la montre. Il faut entrer en direct le plus rapidement possible. Le téléphone dans une main, Jean-Pierre écoute les directives de Montréal et les transmet aux deux techniciens de transmission qui courent, tirent des câbles, branchent la caméra de Raymond, et se connectent à un satellite permettant de diffuser en direct. Il s'agit d'une opération délicate et complexe.

Dix minutes plus tard, je suis toujours au téléphone quand on me donne un micro.

Dans mon télex, j'entends la voix de Jean-Pierre :

« Mike, tu es en ondes, tu es *live* maintenant. Laisse ton téléphone de côté. »

Devant moi, la caméra de Raymond tourne. Ça y est, nous sommes en direct.

Nous ne sommes pas seulement les premiers en ondes, nous sommes les seuls. Faute de pouvoir diffuser des Éboulements ou de pouvoir à tout le moins alimenter des images à leurs stations respectives, les autres journalistes doivent retourner à Québec pour diffuser leur matériel. Je sais donc que les familles des victimes vont nous regarder, qu'elles vont vouloir savoir, et qu'elles vont apprendre en même temps que nous ce qui s'est passé. Elles découvriront la scène, et comment l'accident s'est produit à travers les images bien sûr, mais aussi, surtout grâce aux commentaires des témoins qu'au cours des prochaines heures je vais interviewer.

Un homme dont la maison est située juste en face du pont raconte qu'il a entendu un bruit, un bruit inhabituel. Curieux, il a tendu le cou pour regarder par la fenêtre. C'est tout juste s'il a eu le temps de voir la portion arrière du véhicule voler dans les airs, avant de disparaître dans un fracas monstrueux.

Le curé des Éboulements qui était tout près est accouru tout de suite. Il était l'un des premiers sur les lieux du drame. La voix encore nouée par l'émotion, il raconte que les plaintes des mourants s'élevaient encore des décombres de l'autobus. Pas des appels à l'aide, des râlements. Des râlements qui flottaient au-dessus de l'acier tordu. Il arrivait trop tard pour sauver qui que ce soit. Restait leur âme. Le curé leva solennellement la main droite vers le ciel : « Que vous m'entendiez ou non, je vous donne tous l'absolution et vous bénis au nom du Père, du Fils et du Saint-Esprit. Allez en paix. »

Le chef des pompiers volontaires des Éboulements explique de son côté comment lui et ses hommes se sentaient impuissants en attendant les ambulances, dépêchées d'urgence de Baie-Saint-Paul, la ville la plus proche. Encore visiblement ébranlé, il me montre que l'heure de l'alerte fatidique est toujours inscrite sur son téléavertisseur : 14 h 01, l'heure du drame.

Quelques habitants des Éboulements sont toujours là, témoins silencieux de la tragédie. Certains prient, d'autres, immobiles, regardent simplement le sol. Ils ne sont pas là comme des curieux en quête d'histoires croustillantes, mais comme des citoyens solidaires, montant à leur manière une garde respectueuse.

Autour, les équipes des médias s'activent. Il y a des caméramans, des preneurs de son, des journalistes. Une foule hétéroclite et grouillante. Le camion satellite de RDI, bien visible, est garé un peu en retrait sur le bord de la route. Son antenne est dressée vers le ciel, vers un lointain satellite qui reçoit son signal et le retransmet aussitôt vers la Maison de Radio-Canada, sur le boulevard René-Lévesque à Montréal, d'où après être passé par la régie de mise en ondes, il est finalement acheminé aux téléspectateurs. Des millions de kilomètres traversés en une poignée de secondes, à la vitesse de la lumière. La magie du direct opère.

Le Québec découvre l'ampleur du drame, et déjà, cherche à comprendre. Il compatit, il s'indigne. Que s'est-il passé, qu'est-ce qui a causé l'accident. Une erreur humaine ? Un bris mécanique ? Ce n'est pas la première fois que le malheur frappe dans cette côte maudite. Ceux qui ont été élevés sur les flancs des montagnes charlevoisiennes ont appris à respecter les descentes souvent abruptes du pays, à les craindre, particulièrement celles des Éboulements. Les autres en prennent conscience.

>>>

Assis sur l'herbe, je hume l'air frais du fleuve, profite d'un moment de repos, mon premier de la journée. Je me sens étonnamment calme. L'adrénaline court pourtant toujours dans mes veines, je la sens là, sous l'épiderme, qui picote. Mais installé ainsi en retrait, je peux finalement reprendre un peu mon souffle. Réfugié dans ma bulle, je revis ces heures de crise, repense aux familles des victimes. J'y ai pensé toute la journée en fait. Je sais bien que dès que la rumeur de l'accident a commencé à courir, elles se sont ruées sur la radio et la télé. Que s'est-il passé, s'agit-il vraiment de l'autobus de Saint-Bernard ? Combien de victimes ? Qui ? Savoir !

En temps normal, quand un proche meurt dans un accident de la route, vous recevez un appel. Vous êtes prévenu par l'hôpital ou par les policiers. Plus tard, vous pouvez, si vous le désirez, aller voir le véhicule accidenté. Et il faut vous rendre à l'hôpital pour identifier le corps de l'être cher. Tout cela donne le temps d'absorber le choc, d'accepter la perte, de l'assimiler. Mais les familles de Saint-Bernard n'ont pas bénéficié de ce coussin. Elles ont appris la nouvelle par la télé, en direct, ont dû encaisser le coup tout de suite, sans préparation !

C'est une lourde, très lourde responsabilité qui repose sur les épaules de l'envoyé spécial. Le respect repose souvent dans le ton, dans la retenue. Mais en même temps, on ne peut y échapper, il faut raconter. Parce que c'est important, qu'il faut comprendre, parce que ça touche les gens. C'est ainsi. Et en ce sens, il est souvent plus facile de couvrir un drame à l'étranger, où l'on n'est qu'un voyageur sans famille.

« Michel ! Attention, dans dix secondes ! »

>>>

Ce jour-là, je suis resté en ondes jusqu'à une heure du matin, presque sans pause, sans vraiment manger non plus. Je suis resté en ondes jusqu'à ce qu'on commence à déplacer la carcasse de l'autobus. Au fond, elle a laissé une large traînée de sang sur la pierre froide. Des objets personnels des victimes, projetés lors de l'impact, perruques, dentiers, bijoux, montres, gisaient également sur le sol, au travers des morceaux d'os ou de chair. Des images que nous n'avons pas diffusées, bien sûr, des images que j'ai gardées pour moi.

Ce soir-là, j'ai pris une chambre dans une petite auberge située en haut de la côte. Il était deux heures du matin. J'étais crevé, mais incapable de dormir. La télévision diffusait en boucle les images de l'accident, plusieurs de mes interventions et interviews aussi. Étendu sur le lit, je me regardais décrire l'accident. Dans l'obscurité de ma chambre d'hôtel, je regardais ces images défiler. Je pensais encore aux familles des victimes.

>>>

L'autobus était parti du petit village beauceron de Saint-Bernard. Quarante-huit membres du Club de l'âge d'or s'y étaient embarqués pour participer à ce qui était l'une des nombreuses activités sociales de l'organisation de retraités du village. Ils étaient tous maris ou femmes, frères, sœurs, amis ou voisins. Le voyage devait les emmener jusqu'à l'île aux Coudres et ses paysages plats au pied de la côte. Mais un problème de frein allait transformer une activité communautaire en un drame épouvantable. Un drame qui a décimé toute une communauté, privant non seulement un village de ses éléments les plus dynamiques, mais le privant également de sa mémoire.

>>>

Saint-Bernard, le 14 octobre 1997

Le lendemain du drame, la nouvelle n'était déjà plus aux Éboulements. L'attention s'était déplacée vers Saint-Bernard et Baie-Saint-Paul, où la carcasse de l'autobus avait été emportée pour être analysée afin de déterminer la cause de l'accident. Les rares survivants avaient été transportés à l'hôpital, et les corps des victimes, à la morgue, pour y être identifiés par leurs familles. Plusieurs des cadavres étaient en si mauvais état qu'il était pratiquement impossible de les reconnaître. Le curé de Saint-Bernard, en bon curé de campagne, connaissait les victimes, toutes des habituées de son prêche.

Pendant de longues heures, il fit l'aller-retour entre la salle où les familles attendaient et l'entrepôt frigorifié où l'on avait placé les corps. De longues heures à chercher un signe distinctif, un bijou permettant d'identifier une victime. Quand il y arrivait, les membres de la famille venaient confirmer l'identité. Cette procédure évita aux proches de chercher parmi la foule de leurs amis et voisins, celui ou ceux qu'ils avaient perdus. L'ampleur du drame avait ému tout le Québec, et comme cela se passe souvent, provoqué un élan de solidarité. Les résidents de Saint-Bernard, serrant les rangs aussi fort que possible, se roulèrent en boule comme un hérisson blessé.

>>>

Le lendemain, je suis resté aux Éboulements jusqu'en après-midi. Le village avait été déserté, retrouvant sa tranquillité. Les médias prenaient maintenant littéralement d'assaut Saint-Bernard, où les funérailles s'organisaient déjà. Les familles avaient désigné un porte-parole pour communiquer avec les médias.

Je suis arrivé à Saint-Bernard en début de soirée. Il faisait nuit depuis quelques heures déjà et le village grouillait de journalistes. Les réseaux de télévisions avaient dépêché leurs équipes sur place. Bernard Derome, le chef d'antenne de Radio-Canada qui ne sort du studio que pour les élections ou les grands événements, se préparait à diffuser *Le Téléjournal* à partir d'un studio aménagé dans une remorque en face de l'église.

Plusieurs reporters arpentaient aussi les rues, à la recherche de résidents à interviewer. À un moment donné, j'ai vu un homme sortir de chez lui au bout de la rue. Un reporter l'apercevant se mit à courir pour le rattraper. Le vieil homme pressa le pas, mais le journaliste, plus jeune, le rejoignit en quelques enjambées. Il se mit alors à le matraquer de questions. L'homme continua de marcher, sans répondre. La scène paraissait surréaliste.

Je m'éloignai de la rue principale. Je marchais avec mon caméraman et ma recherchiste, Linda, dans les rues, au hasard. J'observais le village, bâti comme tant d'autres au Québec autour de son église et de sa rue principale, colonne vertébrale à partir de laquelle s'articule un réseau de petites rues droites, disposées dans un quadrillage ordonné. Loin du tumulte des médias, le village semblait endormi, engourdi. Les rues étaient désertes. La plupart des maisons, sans auto dans l'entrée, ni lumières allumées à l'intérieur, paraissaient abandonnées. Au bout d'un moment, je vis une faible lumière dans une maison de bois, peinte en blanc. À l'intérieur, un homme assis dans son salon regardait la télé. J'allai cogner à sa porte, discrètement.

L'homme qui vint répondre était vieux, il devait avoir au moins soixante-quinze ans. Il marchait d'un pas lent, incertain.

« Bonjour, monsieur, excusez-moi de vous déranger. Je suis journaliste. Je sais que ce n'est pas un bon jour… »

Il m'interrompit et me fit signe d'entrer. « Je sais qui vous êtes, venez. »

L'homme nous mena à la cuisine. Il nous offrit un café. Dans le salon, la télé branchée sur RDI diffusait des images de l'accident. L'homme s'assit face à moi. Il ne paraissait pas triste, enfin, pas atterré. Il semblait sonné, ailleurs, mélancolique. Il était seul et avait le goût de parler, simplement, fût-ce à un journaliste.

« Vous connaissiez beaucoup de victimes ?

— Toutes, répondit-il sur un ton presque enjoué. Je les connaissais toutes, mais une plus que les autres.

— De qui s'agit-il ?

— Robert, mon meilleur ami. Je devais y aller moi aussi, vous savez. J'avais prévu y aller, mais j'ai dû annuler à la dernière minute. C'est le premier voyage que nous ne faisions pas ensemble, le premier.

— Que voulez-vous dire, monsieur ? lui demandai-je.

— Vous savez, Robert et moi sommes amis depuis que nous sommes tout petits. Nous sommes nés presque en même temps. Nous avons été élevés un en face de l'autre. La ferme de sa famille était située juste en face de la nôtre. Nous avons tout fait ensemble, le hockey, l'école… Nous avons marié deux sœurs, et le même jour. À notre retraite, nous sommes déménagés ensemble au village. Nous avons même acheté nos terrains au cimetière, deux terrains dos à dos. On a été ensemble toute notre vie, on se disait qu'on le serait à notre mort. »

À mesure que le vieil homme me racontait son histoire, le timbre de sa voix baissait, s'étiolait, pour ne plus être qu'un filet, un murmure. Il fixait la table devant lui, le regard vide, perdu dans ses souvenirs.

« Robert est mort, et moi, je suis ici, seul. »

Il s'arrêta de parler. Dans le salon, le présentateur télé continuait son résumé de la journée sur un ton monocorde. Nous sommes restés ainsi un moment, le temps que le vieil homme s'anime à nouveau, reprenne vie.

« Vous voulez un café, monsieur Jean ? Je viens d'en faire.

— Bien sûr, c'est très gentil. »

Je suis resté un moment avec lui. À discuter, à lui parler. L'entrevue était terminée depuis longtemps, mais l'homme avait envie de parler. Il régnait dans cette maison une telle tristesse, un tel silence. Et je me disais que ça devait être ainsi dans chacune des résidences du village, dans chacune de ces petites et grandes maisons. Peut-être était-ce pour cela qu'elles paraissaient abandonnées, car d'une certaine manière, elles l'étaient. Une partie de l'âme du village avait disparu au bas de la côte des Éboulements, elle avait laissé un grand trou, un vide immense dans ce petit village de la Beauce.

À la télé, Bernard Derome présentait maintenant *Le Téléjournal* en direct du parvis de l'église. L'émission était pratiquement entièrement consacrée au drame de Saint-Bernard. Déjà, des questions se posaient sur la sécurité des autocars, et sur les dangers du tracé de la côte. Les réactions se multipliaient partout au Québec et ailleurs. Les politiciens étaient interpellés. Ce qui avait commencé la veille par un accident de la route était devenu une affaire nationale. Assis dans la cuisine, Linda, le vieil homme et moi continuions de jaser autour du café. La télé résonnait toujours, mais nous ne l'entendions pas. L'adrénaline avait fini de couler dans mes veines. Je n'étais plus un journaliste, simplement un homme qui partage la peine de son semblable, l'écoute, et cherche des mots de réconfort.

>>>

Dès le lendemain, la plupart des médias avaient quitté Saint-Bernard. Nous étions de retour quelques jours plus tard, cependant, pour les funérailles des victimes. Une cérémonie émouvante, où le souvenir de chacun des quarante-trois passagers de l'autocar fut célébré. Tout le village était une fois de plus réuni dans son église. La cérémonie fut retransmise en direct à la télé. J'étais là, bien sûr. Je n'ai pas revu le vieil homme qui nous avait accueillis chez lui autour d'un café chaud. Dans le cimetière de Saint-Bernard, un monument commémore aujourd'hui l'événement. L'enquête démontra qu'il y avait eu négligence dans l'entretien mécanique de l'autocar. Le chauffeur, la seule victime qui n'était pas de Saint-Bernard, fut blâmé. C'était un jeune homme qui adorait pourtant son travail. Sa fiancée était française. Elle était en voyage en France au moment du drame. Elle apprit la nouvelle de l'accident à la télé, elle aussi. La man-chette disait : « Un autobus plonge dans un ravin et fait 44 morts au Québec. » Tout de suite, elle s'était ruée pour voir, pour savoir. Il y a des milliers d'auto-bus sur les routes québécoises. Ça aurait pu être n'im-porte lequel, mais elle avait un mauvais pressenti-ment. Elle reconnut l'autocar à la télé. Elle comprit que son amoureux québécois était mort.

>>>

L'enquête publique déclenchée à la suite de l'accident mena à un resserrement des contrôles de sécurité du transport de passagers par autobus. La côte des

Éboulements a été refaite, son tracé, modifié, la route, élargie. On a également ajouté des paravents de bétons. Une série de mesures préventives destinées à éviter de nouveaux drames.

Quant aux habitants de Saint-Bernard, ils ont fait de la côte des Éboulements un lieu de pèlerinage où ils vont seuls ou en petits groupes se recueillir. L'endroit près du petit pont où l'autobus s'est écrasé a été transformé en sanctuaire, décoré de photos des victimes, d'objets leur ayant appartenu, de fleurs. Un an après l'accident, une délégation des familles des victimes est venue inaugurer une croix blanche, monument à la mémoire des quarante-trois Beaucerons venus mourir sur les bords du Saint-Laurent. Aujourd'hui, les reliques ont disparu, emportées par le vent du fleuve. Les fleurs se font rares. Le souvenir s'estompe avec les années, mais ne s'efface pas complètement, comme un fantôme, il rôde toujours au pied de la côte.

CHAPITRE 2

Nuit de veille

Koweït, le 19 mars 2003

De mon nid d'aigle, je scrute le ciel noir de silence. La nuit, vingt-cinq étages vous donnent de la perspective dans une ville comme Koweït. Le soleil s'est couché derrière les dunes il y a longtemps déjà. La fraîcheur de la nuit du désert s'est installée. Mais le vent qui a soufflé du sable sur la ville toute la journée s'est tu tout d'un coup. Comme lui, la ville semble retenir son souffle. Le reste du monde aussi. Il est 19 h 55. Dans cinq minutes, le délai accordé à Saddam Hussein et ses fils pour quitter l'Irak arrivera à échéance. Ils ne sont pas partis, bien sûr. Où pourraient-ils aller de toute façon ? La guerre est maintenant inévitable. Inévitable et imminente. Ce n'est plus une menace brandie, une manchette spectaculaire et lointaine. La guerre commence dans cinq minutes, en sol irakien, à quelques kilomètres à peine d'ici.

Depuis mon arrivée au Koweït, il y a presque un mois, tous les événements convergent vers cet instant. Les Américains l'ont souhaité. L'affrontement aura lieu. Quelques minutes encore, quelques secondes et nous y serons. Le monde glisse, et moi avec.

Je regarde ma montre. Les secondes défilent, une à une, comme des grains de sable dans un sablier. Tout est si silencieux. L'émirat est plongé dans la nuit, le ciel extraordinairement clair du désert nous offre son spectacle étoilé habituel. C'est le calme avant la tempête! L'expression résonne dans ma tête. Elle ne m'a jamais paru si à propos.

Que va-t-il se passer à 20 heures, lorsque l'ultimatum du président Bush viendra à échéance? Je me le demande depuis longtemps. Les bombardiers sont-ils déjà en vol avec leurs lourdes cargaisons de missiles et de bombes? Les unités de combats sont-elles déjà massées près de la frontière, prêtes à la franchir? De l'autre côté, les chars irakiens sont-ils déployés ou cachés et ensablés pour être protégés des frappes meurtrières de l'aviation américaine et éviter un massacre semblable à celui de la guerre du Golfe en 1991? Quelle sera la riposte des Irakiens? Y en aura-t-il une? L'armée de Saddam Hussein dispose d'une capacité de frappe appréciable. Elle a des missiles, des chars, des soldats déterminés à défendre leur pays. Peut-être ont-ils choisi cette fois de se retrancher dans les villes? Nous serons bientôt fixés. Plus que quelques secondes encore...

Bagdad n'est qu'à quelques centaines de kilomètres d'ici. Que fait Saddam Hussein en ce moment? Observe-t-il l'horizon comme moi? Lui aussi guette peut-être l'arrivée des premiers bombardiers. Mais non, il est plus probablement déjà réfugié dans un abri souterrain. Depuis des mois, les analystes et les experts ont élaboré toutes sortes de scénarios militaires. Nous serons bientôt fixés. Quelques secondes encore.

« Quand les Américains vont attaquer, tu seras aux premières loges, Michel. »

Martin Cloutier, mon patron à RDI, avait raison quand il m'expliquait, deux mois plus tôt, pourquoi il avait choisi de m'envoyer au Koweït. « Tu vas peut-être voir les avions militaires partir à l'assaut de l'Irak, avait-il dit avec un sourire espiègle. De toute façon, c'est le plus près de l'action que nous puissions aller. » L'action ! À ce moment, dans le confort de son bureau, ni lui ni moi ne pensions encore vraiment au danger que représentait ce voyage, seule l'excitation de l'aventure à venir nous grisait. Je ne connaissais rien à la guerre, ne l'avais jamais vue de près, jamais ressenti le frisson qu'elle provoque chez ceux qui s'approchent d'elle. Deux mois plus tard, tout cela allait changer.

Enserré entre trois pays et le golfe Persique au sud, le Koweït n'est qu'une minuscule enclave de sable et de pétrole collée sur son voisin irakien, dont il constitue une extension géographique et auquel il bloque l'accès à la mer. Il y a bien sûr l'Arabie Saoudite à l'ouest, mais ce n'est qu'un immense désert. La ville saoudienne la plus proche est bien loin, alors que la deuxième ville en importance d'Irak, Bassora, est à moins de deux heures de route de la capitale du Koweït.

La frontière de l'Irak, vers laquelle tous les regards du monde se tournent maintenant, ne se trouve qu'à quelques dizaines de kilomètres d'ici. C'est effectivement le plus près de l'action que nous puissions aller, et c'est précisément pourquoi RDI nous a dépêchés ici. Nous sommes cinq: deux techniciens, Yvan Petitclerc et Dany Bélanger, un réalisateur, David Lefrançois, un recherchiste, Christian Merciari, et moi. Nous avons apporté avec nous le *Fly Away*. C'est ainsi qu'on surnomme le système de diffusion satellite portatif, un joujou de un million de dollars. Facile à transporter, le *Fly Away* permet, une fois déployé, de diffuser en direct et d'acheminer des reportages n'importe où dans le monde. Il faut simplement s'assurer de le placer dans un endroit découvert, car il projette son signal directement sur l'un des nombreux satellites commerciaux qui tournent autour de la terre.

David, Yvan et Dany sont dans la chambre d'hôtel, qui fait office de studio d'alimentation et de diffusion. Christian est dans la mienne, transformée en mini-salle de presse pour l'occasion. Moi, je me trouve sur le toit et je compte les secondes qui s'écoulent. Je surveille, je guette. Comme mon grand-père Jean-Baptiste Jean, garde-feu il y a presque cent ans au nord de La Tuque, qui scrutait l'immensité boréale à la recherche de la moindre étincelle, j'observe silencieusement le désert et la ville à la recherche de l'étincelle qui déclenchera le feu de la guerre d'Irak.

Nous sommes plusieurs journalistes issus de plusieurs coins de pays à attendre ainsi. Il y a une équipe d'Américains de CNN. Comme d'habitude, ils semblent très préoccupés. Les Mexicains, au contraire, ont toujours l'air de s'amuser et sourient constamment. Apparemment, même l'imminence de la guerre ne saurait élimer leur bonne humeur. Il y a également ce journaliste américain d'une petite station du MidWest qui travaille seul avec sa mini-caméra. Lui aussi semble inquiet. Je dois le paraître tout autant.

Ce qui nous inquiète tous, c'est la menace des armes biologiques et chimiques qui plane. Des armes si répugnantes que la plupart des nations se sont engagées à en bannir l'usage. Mais Saddam Hussein y a déjà eu recours contre les Kurdes. Pourquoi hésiterait-il à le faire pour se défendre aujourd'hui? C'est quand on pousse un animal dans ses derniers retranchements qu'il devient le plus dangereux. Et le Koweït représente pour Hussein une cible si facile, à portée de main.

Je connais les dangers que représentent les armes biochimiques. Avant de quitter Montréal, j'ai suivi avec mes camarades une formation spéciale où l'on nous a montré quoi faire en cas d'attaque de ce genre. Il s'agissait d'une sorte de cours de survie 101 aux attaques biochimiques. Je sais comment enfiler une combinaison de protection, comment mettre correctement un masque à gaz, comment soigner des blessés, comment transformer une chambre d'hôtel en abri, comment détecter la présence de gaz toxiques inodores. J'ai appris à reconnaître les différents agents toxiques connus, le gaz innervant, le gaz moutarde utilisé lors de la Première Guerre mondiale, le bacille du charbon, mieux connu sous son nom anglais d'*anthrax*, le sarin, le Vx, et il y en a d'autres. Je sais que des substances toxiques peuvent se présenter sous forme gazeuse ou liquide. J'ai appris qu'un missile peut répandre un gaz mortel, que des bombes larguées des airs peuvent faire tomber une fine pluie toxique. Il faut utiliser le masque contre une attaque au gaz et ajouter la combinaison hermétique s'il s'agit de liquides. J'ai vu sur vidéo des animaux mourir en quelques secondes dans d'atroces souffrances après avoir été intoxiqués. On utilise des chèvres pour ce genre d'expérience, car ces animaux ont le même type de système nerveux que les hommes et réagissent de façon similaire aux agents biochimiques. J'ai donc une bonne idée de ce qui va m'arriver si jamais je suis gazé.

J'ai apporté dans mes valises l'équipement de survie nécessaire : un masque à gaz, plusieurs masques de tissu qui pourront servir en cas d'attaque au bacille du charbon. J'en ai d'ailleurs donné un à l'employé d'entretien qui fait le ménage de ma chambre : un Indien qui travaille ici depuis deux ans et qui envoie toute sa paie à sa femme et à ses enfants, restés au pays. Il m'a presque baisé la main pour me remercier. Visiblement, il s'inquiète aussi.

De plus, j'ai commencé à prendre quotidiennement de la tétracycline, un antibiotique à large spectre censé me protéger lui aussi contre une éventuelle infection par le bacille du charbon. On m'en a donné un gros sac de plastique. Il y a suffisamment de tétracycline dans ce sac pour soigner les infections transmises sexuellement d'un cégep tout entier !

J'ai scellé hermétiquement, tel qu'on me l'a enseigné, avec du ruban gommé épais, toutes les fenêtres et bouches d'aération de ma chambre d'hôtel. C'est une tâche fastidieuse. Il m'a fallu de longues heures de travail minutieux et plusieurs gros rouleaux de ruban. Si nous sommes attaqués, toute l'équipe pourra se réfugier dans ma chambre, transformée en abri hermétique. Je suis prêt, si l'on peut dire.

Je jette un coup d'œil à ma montre, il ne reste que trente secondes avant l'échéance. L'aiguille avance à un rythme régulier, tic tac, comme un métronome. Les secondes s'égrènent, inexorablement. Quinze secondes. Seul le battement de tambour de ma montre brise le silence du soir. Dix secondes. Tic tac, tic tac. Je regarde autour : les autres paraissent figés sur place, comme moi. Leurs silhouettes immobiles se découpent à peine dans la pénombre. Cinq secondes, quatre, trois, deux, un. Je retiens mon souffle. J'attends. Quoi ? Je ne le sais trop, ni pourquoi d'ailleurs. Mais il me semble qu'un décompte annonce habituellement quelque chose. Le départ d'une course, le temps alloué pour trouver une réponse dans un jeu-questionnaire, pour désamorcer une bombe. Il doit se passer quelque chose. Mais il ne se passe rien. Nous sommes en guerre et il ne se passe rien. Rien que le tic tac mécanique de ma montre qui maintient sa cadence militaire. Rien pour le moment.

>>>

La première frappe est survenue deux jours plus tard. Le 21, George W. Bush annonce à la télévision américaine que l'aviation vient de bombarder des édifices du centre de Bagdad. L'attaque visait directement Saddam Hussein. Les services de renseignements américains ont appris que le leader irakien devait participer à une réunion, et l'aviation a tenté de le tuer dès le départ. Sans succès. Hussein échappe encore une fois à la mort.

Le lendemain, l'invasion commence. Les troupes américaines et leurs alliés, partis du Koweït, prennent d'abord la petite ville frontalière d'Oum Qasr, puis poursuivent leur marche vers l'intérieur du pays. Ils rencontrent une résistance plus forte que prévu à Bassora, la grande ville du sud. Les Américains décident donc de la contourner et de foncer vers le nord, vers la capitale, Bagdad.

Seuls les journalistes intégrés aux unités militaires ont été autorisés à entrer en Irak. Les télés américaines diffusent des images spectaculaires de la chevauchée des chars de George W. Bush dans le désert irakien. RDI a bien un envoyé spécial intégré à l'une de ces unités, mais, manque de chance, il est tombé sur une division de génie. Il se retrouve donc loin derrière le front, et nous perdons bientôt sa trace.

Du toit du Sheraton de Koweït, je continue de couvrir la guerre, même si je n'ai pas vu un seul avion militaire, même pas un hélicoptère. Encore moins un char. Je suis l'évolution du conflit à travers les dépêches, les images alimentées du front. J'ai beau être à un jet de pierre de l'Irak, je ne vois guère plus de cette guerre que ceux qui sont restés au Québec. Je suis son déroulement à travers la télé et les comptes rendus des dépêches. Le ballet des missiles et des chasseurs-bombardiers au-dessus de mon hôtel n'a pas eu lieu. Seule la proximité du champ de bataille nous rappelle où nous sommes et nous maintient fébriles, alertes.

>>>

Il est 7 heures. Je me prépare à me coucher. Ma longue journée de travail vient de se terminer par un direct dans *Le Téléjournal*. Ouf, dormir ! Enfin. Ne serait-ce que quelques heures. Depuis trois jours, depuis le début du conflit, je travaille presque vingt-quatre heures sur vingt-quatre en raison du décalage horaire. Il faut alimenter les grands bulletins de nouvelles ainsi que RDI, la chaîne d'information continue. Le rythme est encore plus infernal pour David et l'équipe technique. Nous partageons notre centre de diffusion avec France 2, ce qui permet de couper les frais de production en deux. Comme il y a cinq heures de décalage entre Paris et Montréal, il n'y a pas de conflit d'horaire pour les grands bulletins.

Couché sur mon lit, je regarde le plafond. Je sens que je n'aurai pas à compter les moutons. Le sommeil me gagne déjà. Mon corps, tendu par une longue journée de travail et de stress, se détend, ramollit. Je ferme les yeux, mon esprit se brouille déjà. Ah oui, dormir. Enfin !

Soudain, un cri aigu vient m'arracher à mes rêves. Je le reconnais immédiatement. Ce n'est pas un son humain. Et pas un cri. Plutôt un hurlement, un hurlement pulsé, celui d'une sirène d'alarme qui signale un danger imminent.

Nous sommes attaqués. Des avions? Non, c'est impossible. Des missiles? Probablement. Je me redresse d'un trait, reste assis un instant dans mon lit. J'attends une explosion qui ne vient pas. La sirène poursuit son hululement infernal. Soudain, j'ai peur. Ça commence comme un frisson qui s'insinue, puis se répand à mesure qu'on prend conscience de la proximité du danger. Une seconde plus tard, le frisson s'est transformé en un immense vertige qui traverse tout mon être.

Je me lève malgré tout en vitesse, enfile mes vêtements et me précipite dans le studio où David est déjà en contact avec Montréal.

« Dave, je monte sur le toit. »

La première fois que je l'ai rencontré, je l'ai pris pour un dur. Grand, costaud, le crâne rasé, avec sa barbiche, il passerait plus facilement pour un motard que pour un réalisateur de Radio-Canada. Mais je me suis rapidement rendu compte que, derrière cette façade de géant bourru se cache un grand sensible. Et surtout, un professionnel efficace et dévoué.

David se tourne vers moi. Ses yeux trahissent son inquiétude.

« Vas-y, Michel. Je suis en train de nous brancher au satellite. »

Je me précipite dans l'escalier, plus sûr que l'ascenseur en situation d'urgence. Je monte deux marches à la fois et m'aperçois que, pendant que je me dirige à toute vitesse vers le toit, la plupart de mes collègues prennent le chemin inverse et descendent aux abris qui se trouvent au sous-sol. Suis-je inconscient ? Je crains davantage une attaque à l'arme chimique. Et si elle se produit, le sous-sol sera plus dangereux, car les gaz vont s'y engouffrer. Dans ces conditions, je préfère le toit. Je me dis qu'il faudrait vraiment un coup de malchance incroyable pour qu'un missile nous frappe directement.

Quelques minutes plus tard, à bout de souffle, mon masque à gaz à la main, je suis enfin sur le toit du Sheraton. Il y a quand même dix étages à monter. La sirène hurle toujours son cri d'alarme strident. Dany, qui a été plus rapide que moi, m'attend déjà à côté de notre caméra, fixée sur son trépied. J'installe mon télex dans mon oreille droite, prends le micro. J'entends la voix de l'animateur en studio à Montréal me parler. Pendant que je raconte ce qui se passe, la sirène s'arrête aussi soudainement qu'elle s'est mise en marche. Le danger est écarté.

« Il semble que ce soit une fausse alerte. Il n'y a pas trace de missile ni d'explosion, heureusement. À moins bien sûr que le ou les missiles aient été interceptés. Pour être fixés, nous devrons attendre le rapport des autorités militaires américaines. »

Tout au long de mon compte rendu, je tente de paraître le plus calme possible, même si mon cœur résonne dans ma poitrine. La situation me semble suffisamment dramatique, pas besoin d'en rajouter.

Il y aura plusieurs autres alertes au cours des jours suivants, mais aucun missile n'arrivera jusqu'à nous.

Chaque fois, je me rends sur le toit pour couvrir l'événement. Au début, mon cœur s'emballe à chacune des alertes, mais bientôt, cela devient une routine quotidienne. Les alertes sont prises au sérieux, mais on s'y habitue d'une certaine manière. Assez pour ne plus avoir peur.

Une semaine après la première alerte, alors que je parle au téléphone avec ma patronne, Marie-Philippe Bouchard, rédactrice en chef du *Téléjournal* et du *Point*, dont je suis en temps normal l'un des reporters, un grondement sourd fait soudainement trembler l'hôtel. Le bruit est si fort que Marie-Philippe l'entend clairement de son bureau de Montréal. Une explosion! Je n'en avais jamais entendu auparavant, mais je n'ai aucune difficulté à la reconnaître. Et ça semble tout près. Le bruit de la déflagration a interrompu notre conversation. Nous restons silencieux, une fraction de seconde.

« Marie-Philippe, je vais te laisser, il y a un missile qui vient de tomber près de l'hôtel. »

C'est un missile, j'en suis certain. Il n'y a pas eu d'alarme, mais ça ne peut être que ça.

« Sois prudent, Michel. »

Marie-Philippe s'inquiète toujours un peu pour nous. Mais cette fois, je sens que c'est sérieux. Ça l'est, d'ailleurs…

Je me précipite une fois de plus vers le toit, accompagné de Dany. En courant dans les marches, je repense à ce que l'instructeur nous a dit des explosions pour mieux évaluer la nature du danger.

« Si c'est un missile qui contient une charge conventionnelle, la détonation causée par les explosifs sera très forte. S'il s'agit d'une charge chimique, le bruit sera plus sourd et moins fort. »

Le bruit que j'ai entendu était fort. Mais comment l'évaluer ? C'est la première fois que je me retrouve dans ce genre de situation. L'instructeur n'a pas fait exploser de missiles pour que nous saisissions la nuance entre les différents types d'explosions !

À bout de souffle encore une fois, je débouche sur le toit. Devant moi, il y a un champignon, un nuage de fumée blanche. Le missile est tombé près de la mer, à environ un kilomètre de l'hôtel. Le vent pousse le nuage directement vers nous. Debout sur le toit, je le regarde s'approcher. Une seule question tourne dans ma tête, une question de vie ou de mort : chimique ou pas ?

J'ai mon masque à gaz avec moi, mais Dany a oublié le sien. Et ça, c'est un gros problème.

« Dany, ajuste la caméra et va chercher ton masque.

— Non, non. Ça va aller. Je suis OK. »

J'admire son courage et son sens du devoir, mais il ne se rend pas compte du danger. Moi si. Et tant que nous ne serons pas fixés sur la nature de la charge du missile, il n'y a pas de risques à prendre.

« Non. Tu prépares la caméra et tu descends chercher ton masque. Et assure-toi que toute l'équipe porte le sien. Compris ? » dis-je sur un ton sans équivoque.

Je reste seul sur le toit et enfile mon masque à gaz. Le nuage continue de s'approcher, comme une ombre menaçante. Je l'observe, cherche des indices. Toxique ou pas ? L'intensité de la déflagration semble indiquer qu'il s'agit d'une charge conventionnelle, mais comment en être certain ? Dans mon télex, le technicien à Montréal effectue les derniers tests de son.

« Dave ! dis-je dans mon micro à l'intention du réalisateur. Avant d'aller en ondes, je veux obtenir l'autorisation de garder mon masque à gaz.

— Quoi, Michel ? Que veux-tu que je fasse au juste ? »

David ne semble pas comprendre. S'il ne s'agit que d'une explosion conventionnelle, je ne veux pas, par la suite, qu'on m'accuse de dramatiser inutilement la situation. L'expérience m'a appris qu'il y a beaucoup de gérants d'estrade qui, dans le confort de leurs bureaux, ont le jugement facile.

« Dave, je veux que tu demandes à Marie-Philippe si je peux garder mon masque à gaz en ondes. Sans masque, je ne vais pas en ondes. C'est clair ?

— OK, Michel, je te reviens. »

J'essaie d'imaginer la tête de Marie-Philippe. Il y a quelques minutes, nous discutions au téléphone en blaguant. Et l'instant d'après, on lui dit que je demande la permission de porter un masque à gaz en ondes.

« Michel, c'est Dave. »

Sa voix grave me sort de ma torpeur.

« Marie-Philippe a dit : "Si Michel pense qu'il doit porter un masque, qu'il en porte un." Ça te va ?

— Merci, Dave.

— Attention, Michel, tu es en ondes dans trente secondes. »

Je jette un dernier coup d'œil autour de moi. Le toit est désert. Le nuage blanc continue de s'approcher. Il est maintenant presque sur moi.

« Dix secondes. »

Dave continue le décompte.

À ce moment précis, deux pigeons passent en volant près de moi et traversent le nuage. Je me souviens alors de ce que le formateur nous avait dit : « Observez les animaux. Leur organisme est beaucoup plus sensible que le nôtre, surtout celui des oiseaux. Chez l'homme, il faut un certain temps aux agents chimiques pour agir, chez les oiseaux, l'effet est instantané. » C'est pour cette même raison qu'on se servait auparavant d'oiseaux dans les mines, afin de détecter les émanations de gaz toxiques inodores. Les mineurs savaient que, quand un oiseau tombait de son perchoir, il fallait sortir de la mine à toutes jambes. Les deux pigeons qui viennent de traverser le nuage blanc s'éloignent sans problème dans la nuit. Le nuage n'est pas toxique. J'entends déjà dans mon télex la voix de l'animateur en studio :

« Notre envoyé spécial, Michel Jean, est en direct de Koweït où un missile vient de frapper. »

J'ai à peine le temps d'enlever mon masque.

« Michel, racontez-nous ce qui s'est passé. »

>>>

Le missile est venu de la mer. Il a survolé la baie et a frappé un centre commercial. Il volait à faible altitude, ce qui lui a probablement permis de ne pas être détecté par les radars. Les dégâts matériels sont importants, mais la déflagration n'a fait ni victimes ni blessés. À cette heure-là, le centre commercial était vide. C'est presque un miracle quand on y pense.

Devant les débris, je porte mon regard vers le golfe Persique. Je scrute l'horizon. L'Irak est juste de l'autre côté, juste devant moi. Et là-bas, en face, il y a un soldat irakien qui a envoyé cet engin destructeur vers nous. L'ennemi est là et je ne le vois pas. Le danger est tout près, m'effleure et je ne le sens pas. C'est la guerre et, pour moi, elle vient de commencer. Immobile sur la plage, je sens le vent du large souffler sur mon visage, constant et fort. Il m'oblige à plisser les yeux, gonfle mes poumons. J'en respire de grandes bouffées. L'air sec et frais qu'il apporte d'Irak, loin de me griser, me fait frissonner.

CHAPITRE 3

Le *fixer*

Saint-Mathias-sur-Richelieu,
le 8 avril 2007

Dimanche matin, il est 7 heures, la radio résonne dans la cuisine. C'est Pâques, mais on ne le dirait pas. Il fait froid et la neige recouvre encore la pelouse. La lumière entre doucement par la fenêtre. Assis à la table devant le journal, je me laisse réchauffer par les rayons qui traversent la vitre. Je reste là, immobile. La chaleur a toujours cet effet calmant sur moi, surtout le matin, alors que mon esprit encore grisé par le sommeil tente d'apprivoiser la journée qui débute.

Soudain, mon attention est interceptée par la voix du présentateur radio : « Les talibans viennent d'exécuter un interprète afghan ! » Ajmal Naqshbandi, journaliste indépendant et traducteur, avait été enlevé le 5 mars précédent, avec le journaliste italien Daniele Mastrofiacomo et leur chauffeur, dans la province d'Helmand, dans le sud de l'Afghanistan. Les ravisseurs ont tué le chauffeur, mais le correspondant de *La Repubblica* avait été libéré le 19 mars à la suite d'un échange controversé contre cinq militants talibans. Les talibans exigeaient la libération de cinq autres des leurs pour relâcher Naqshbandi, mais les autorités afghanes avaient refusé. Le président du conseil italien, Romano Prodi, condamne l'exécution, la qualifiant d'absurde.

Le président afghan, Amid Karzaï, expliquera pourtant plus tard que le gouvernement italien avait lourdement insisté pour que Kaboul cède au chantage.

Personne n'a mis autant d'efforts pour obtenir la libération de Naqshbandi que Daniele Mastrofiacomo. « Nous avons le cœur brisé. Nous sommes une nouvelle fois catapultés dans un cauchemar qui ne semble jamais devoir prendre fin », déclare-t-il. Je ne connais pas ce journaliste italien, ne l'ai jamais rencontré. Et pourtant, assis dans ma cuisine, au milieu des champs montérégiens, je comprends parfaitement sa frustration et sa douleur. Naqshbandi était son interprète, son recherchiste, son guide, et à ce titre, ses yeux pour lire et comprendre un pays qu'il ne connaissait pas et où les pires dangers lui étaient souvent invisibles. Ajmal Naqshbandi était, comme on dit dans le jargon, son *fixer*.

Un *fixer*, c'est celui qui arrange tout. Le journaliste qui arrive dans un pays dont il ne comprend ni la langue ni la culture doit d'abord se trouver un interprète. Parfois, un simple chauffeur de taxi fait l'affaire. Mais en zone de guerre, l'envoyé spécial doit trouver un collaborateur en qui il pourra avoir une pleine confiance, à qui il pourra confier sa propre vie et celle de son équipe. Le choix de ce collaborateur devient délicat, crucial. Un bon *fixer* peut faire la différence entre de bonnes et de moins bonnes histoires à alimenter au réseau, et parfois, entre vivre et mourir. Dans la proximité et l'intensité du danger, de forts liens se tissent entre les hommes. Ils peuvent faire d'un Italien et d'un Afghan deux frères.

Quand cela était possible, j'ai toujours préféré embaucher un journaliste local. Il faut y mettre le prix cependant. Payer 200 ou 300 $ US par jour pour les services d'un bon *fixer* n'est pas rare, même si c'est habituellement plus que ce que ces journalistes gagnent en un mois. C'est encore plus vrai lorsque les journalistes américains arrivent. Leurs budgets inépuisables, semble-t-il, font grimper les tarifs et imposent partout sur le globe, même dans les pires crises, l'implacable loi de l'offre et de la demande.

Le «bon» *fixer*

Quoi qu'il en soit, trouver un bon *fixer* reste essentiel, particulièrement en zone de conflit. Je l'ai constaté dès ma première mission en Haïti. Avant mon départ, un réalisateur qui connaît bien Haïti me recommande une *fixer*. « Appelle Nadège Jean. Sa sœur et elle ont vécu quelques années à Montréal. Elles ont travaillé à Radio-Canada comme journalistes à la recherche. Nadège connaît tout le monde, elle va t'aider. »

Retournées en Haïti alors que le pays plonge dans la crise qui mènera au départ d'Aristide, les sœurs Jean font maintenant office de *fixers* à Port-au-Prince. Au téléphone, Nadège me paraît énergique. D'emblée, elle m'inspire confiance, d'autant plus qu'elle a été de la maison. Mais, une fois sur place, j'apprends que, Nadège travaillant déjà pour la CBC, c'est sa sœur Marie-Ange qui sera mon *fixer*.

Journaliste respectée dans son pays, Marie-Ange possède un vaste réseau de contacts. Elle connaît même Aristide, pour lequel elle a déjà travaillé il y a plusieurs années, mais avec qui elle a rompu, comme bien d'autres. Elle avait été amèrement déçue par la dérive autocratique de l'ex-prêtre de Port-au-Prince.

Marie-Ange me met rapidement sur la piste de plusieurs bonnes histoires, de scoops, même. Elle est au courant de tout et sait aussi juger avec sagesse du niveau de risque d'une situation. Marie-Ange m'aide à comprendre les méandres de la société haïtienne, ses subtilités.

Un jour, alors que je prépare un reportage sur la violence dans le bidonville de Cité-Soleil, je réussis à convaincre le directeur d'une école privée de nous accueillir.

Il est très difficile en Haïti de convaincre les gens de parler, car ceux qui le font s'exposent à des représailles. Dans ce pays, il vaut mieux passer inaperçu. Ceux qui se font remarquer deviennent des cibles. Ils sont enlevés, ils disparaissent et on n'entend plus jamais parler d'eux. Beaucoup d'Haïtiens se cachent par mesure de précaution. Ils continuent de travailler, comme si de rien n'était, mais ne rentrent pas dormir chez eux le soir. Ils vont chez un proche, un ami, jusqu'à ce que la menace soit écartée.

Ainsi, dans ce contexte, convaincre un directeur de dénoncer la violence et le joug imposé par les chefs de gang? Bon coup! Alors que je suis excité par la perspective d'une bonne histoire, Marie-Ange, elle, me semble plutôt inquiète, presque contrariée.

Il nous faut un peu de temps pour arriver à l'école. Trouver son chemin dans le dédale de rues de Port-au-Prince me paraît chaque fois impossible. Je ne sais pas comment Marie-Ange y parvient. Il n'y a pas de panneaux indiquant le nom des rues, qui ont été conçues sans plan défini, au hasard des constructions. J'ai l'impression d'être perdu dans une fourmilière. Mais comme toujours, Marie-Ange finit par trouver le bon chemin. Un exploit incroyable, à mes yeux!

Nous arrivons tôt ce matin-là. L'école du Soleil est cachée au fond d'une petite rue sinueuse et sale comme toutes les autres. Elle est ceinte d'un mur blanc défraîchi, protection illusoire dans ce quartier où règne la violence. La rue paraît déserte, mais je sais que notre présence ne passe pas inaperçue. Rien ne passe inaperçu à Cité-Soleil.

Nous entrons par la porte principale et nous dirigeons au fond de la cour poussiéreuse et déserte. On dirait que l'endroit est abandonné. Un homme, vêtu d'un T-shirt rouge sale, de shorts bleus déchirés et de vieilles sandales est assis sur un vieux banc, seul sous un arbre. Les arbres sont rares à Port-au-Prince, comme dans tout le pays, où la déforestation pose un réel problème écologique. Depuis des générations, les Haïtiens coupent les arbres pour en tirer du charbon qu'ils utilisent comme combustible. L'immense jungle que Colomb a trouvée en accostant sur l'île au XVe siècle a aujourd'hui pratiquement complètement disparu. Un arbre dans cette cour, c'est une richesse, une richesse qui fournit de l'ombre aux enfants. Sans nous regarder, l'homme nous montre l'escalier au fond. Nous montons et attendons dans un petit bureau. Il y a un bureau et une chaise, des papiers bien en ordre, un dictionnaire *Larousse*. Tout est propre et placé avec soin. Dans la classe d'à côté, les élèves écoutent attentivement le maître. Je les observe par la fenêtre. Les garçons portent tous le même costume, chemise blanche immaculée et pantalon court marine. Les filles ont des nattes attachées de rubans jaunes. Elles portent de mignonnes petites robes assorties. Comme souvent en Haïti, la propreté des enfants et le soin apporté à leur apparence contrastent avec le délabrement des lieux. Je me suis toujours demandé comment les femmes haïtiennes arrivent à obtenir un blanc aussi éclatant avec l'eau pourrie qu'elles utilisent pour faire la lessive. C'est encore à ce jour un mystère pour moi.

M. Koblet entre. L'homme a environ cinquante ans. Rondelet, affable, le crâne dégarni, il a cette assurance et le style ampoulé, un peu vieille France, qu'ont beaucoup d'Haïtiens, même les plus pauvres. Il s'agit peut-être d'un vestige de l'immense fierté éprouvée par ce peuple il y a cent ans lorsque l'armée d'esclaves de Toussaint Louverture a vaincu la grande armée de Napoléon et fait d'Haïti la première nation libre des Caraïbes. La dignité, richesse des pauvres.

« Bonjour et bienvenue, dit doucement le directeur en souriant. Comment puis-je vous aider ?

— Bonjour, monsieur le directeur. Merci de nous recevoir. » Le directeur continue de me sourire, mais en même temps, son regard me fixe. « Nous préparons un reportage sur la mainmise des chefs de gang dans le quartier, lui dis-je. Je sais que beaucoup d'élèves ne viennent plus à l'école. Je sais que ce n'est pas facile, que les temps sont durs, mais j'aimerais que vous nous parliez de ce que vous voyez, de ce que vous vivez. » Je mets des gants blancs, je ne veux pas qu'il change d'idée et renonce à l'interview. « Pas de problème, posez vos questions », répond-il sans ambages.

Sa réaction me prend un peu de court. Je m'attendais à quelqu'un d'hésitant, de prudent. Je pensais devoir négocier les sujets abordés. Ciel ! C'est plus difficile d'obtenir des réponses d'un directeur d'école chez nous, me dis-je.

Mais avant que je pose ma première question, Marie-Ange, silencieuse jusque-là, intervient. « Le reportage sera retransmis en Haïti par TV5. En plus, il y a beaucoup de gens qui captent Radio-Canada, prévient-elle. Vous savez, monsieur Koblet, que les gens ici vont le voir ?

— Bien sûr, répond l'homme, assis calmement à son bureau.

— On pourrait faire l'entrevue en cachant votre visage », propose Marie-Ange.

Le directeur ne sourit plus. « Ils savent déjà que vous êtes ici. En acceptant de vous accueillir chez moi, je prends un risque, je sais que je mets ma vie et mon école en péril. Dès que vous serez partis, des gens vont venir me voir et je vais devoir rendre des comptes.

— Mais, monsieur Koblet... »

Le directeur ne laisse pas Marie-Ange finir sa phrase.

« Écoutez, ce pays ne va nulle part. Vous savez, auparavant, j'avais cent élèves ici. Il y avait quatre classes complètes. Maintenant, à peine une vingtaine d'enfants fréquentent nos cours. Les autres restent chez eux. Vous trouvez cela normal ? Non, ce n'est pas normal. Le quartier vit dans la peur. J'ai peur moi aussi, très peur, madame. Mais je veux parler, je tiens à parler, je dois parler. Alors, posez vos questions.

— Vous êtes certain que vous comprenez la situation ? » insiste encore Marie-Ange en le fixant de son regard à la fois compatissant et déterminé. Elle plisse le front, paraît visiblement inquiète. « Oui », répond M. Koblet d'une voix calme qui est toujours restée douce.

J'observe la scène qui a quelque chose d'irréel pour moi. J'ai toujours été plutôt habile pour amener les gens à me parler, à m'accorder une entrevue. Trouver les bons arguments, la bonne approche, user de persuasion, ça fait partie de mon travail, une partie importante. Et voilà que mon *fixer* est en train d'essayer de convaincre un homme dont je tiens mordicus au témoignage de ne pas me parler. En fait, Marie-Ange ne cherche pas vraiment à le dissuader de faire l'entrevue, mais elle s'assure qu'il est pleinement conscient des risques qu'il prend en l'acceptant.

Pendant vingt minutes, assis derrière son bureau, le petit directeur d'école répond à toutes mes questions. Il exprime ses craintes, sa profonde tristesse de voir le quartier où il a toujours vécu dépérir. Il me raconte longuement l'impuissance des habitants devant la montée de la violence. L'image est forte. Cet homme cultivé, dont le travail est d'enseigner, cherche à dénoncer à sa manière la sauvagerie qui s'est emparée de son quartier. Je l'observe pendant l'entrevue et vois un homme qui, par la parole, prend position contre la violence.

Une fois l'entretien terminé, M. Koblet nous permet de prendre des images de l'école. « Allez, dit-il, pas de problème, prenez tout ce dont vous avez besoin. »

Avant de nous laisser partir, il me serre la main, doucement, mais fermement. Toujours calme, il me fixe du regard et, de la même voix emplie d'une force tranquille, il me dit : « J'espère que votre reportage donnera des fruits, monsieur. Bonne chance! »

Dans la jeep qui roule vers l'hôtel, nous sommes tous silencieux. Je ne sais trop quoi penser. Marie-Ange, qui conduit, se tourne soudain vers moi. « Cet homme est très courageux, me dit-elle. Tu sais, au moment où on se parle, les membres des gangs de rue sont déjà chez lui. Il prend un gros risque. Il peut être battu, enlevé, tué même, Michel! Ce n'est pas bien, on a mis sa vie en danger en allant chez lui. » Elle a raison. Nous, journalistes, déclarons toujours que la vérité doit être dite, mais ici, dans ce pays sans loi, la vérité se paie souvent avec le sang. D'un autre côté, M. Koblet a choisi de nous parler. Pour lui, c'est un geste citoyen, un acte symbolique qu'il pose en toute lucidité. « Je sais, Marie-Ange, je sais. »

Le reportage envoyé ce soir-là à Montréal et que les téléspectateurs de Radio-Canada ont vu ne fut pas celui que j'avais imaginé.

Mes sens m'avaient caché une part importante de l'histoire, son essence même, qui se révélait dans le non-dit. La vérité était dans les rues désertes, dans l'absence des élèves, dissimulée derrière l'apparente retenue d'un homme simple. Tout était là pour qui savait le voir.

Sans ma *fixer*, j'aurais vu et raconté l'histoire d'un simple directeur d'une petite école qui se plaint de la détérioration de la qualité de vie de son quartier. J'ai plutôt raconté l'histoire d'un citoyen engagé, un homme courageux, prêt à prendre des risques pour contribuer à sa manière à changer les choses, pour que la vérité soit dite et entendue. L'essentiel de l'histoire résidait dans la colère et l'indignation de cet homme, échos de celles d'un peuple assoiffé de paix. Je ne l'avais pas saisi, et ce jour-là, sans Marie-Ange, j'aurais vu un homme, maintenant, je voyais un héros.

Le « mauvais » *fixer*

Un bon *fixer* peut vous aider à mieux comprendre et lire un pays et son peuple, mais un mauvais *fixer* peut carrément vous mettre en danger.

Avril 2003, l'armée américaine vient d'entrer en Irak. La guerre annoncée a lieu. Je suis au Koweït depuis près de deux mois. Après avoir décrit les événements pendant toutes ces semaines, confortablement juché sur le toit du Sheraton, un hôtel cinq-étoiles doté d'un lobby tout en marbre rose, je me prépare à me rendre en Irak. Changement de pays, changement de monde. Les préparatifs demandent beaucoup de temps. Affamé par le régime de Saddam Hussein, par l'embargo qui pèse depuis des années, le pays d'Hammourabi est alors à genoux. Les journalistes étrangers qui s'apprêtent à s'y rendre devront être complètement autonomes. Les seuls qui s'y trouvent actuellement sont ceux qui accompagnent les *G.I.* Les journalistes « embeddés », ou « incorporés », ne voient que ce qu'on leur laisse voir. L'image du journaliste suivant les chars américains dans son Hummer est forte, c'est l'image ultime du reporter de guerre. Elle n'est pas sans rappeler cette photo de René Lévesque, casque militaire sur la tête, décrivant à la radio les combats pendant la guerre de Corée. Ou encore, celle d'Edward Murrow, le grand reporter américain, qui a défini le genre pendant la Seconde Guerre mondiale. Cette image romantique du journaliste-soldat a quelque chose d'héroïque. Mais elle correspond peu à la réalité. Pendant que quelques journalistes suivent la chorégraphie militaire organisée par l'état-major américain, les dizaines d'autres tentent d'entrer en Irak par leurs propres moyens. Je fais partie de ceux-là.

J'ai par miracle obtenu un laissez-passer du gouvernement koweïtien pour entrer en Irak. Pas une mince tâche, car il a fallu pour cela obtenir la signature du ministre des Communications, et au Koweït, le ministre n'est nul autre qu'un prince. Mais la persévérance du recherchiste de l'équipe, qui a tissé des liens avec un haut responsable gouvernemental, a fini par payer : j'ai le précieux document en main. Merci, Christian !

Mais avant de partir, il faut d'abord acheter de l'équipement de camping. Là où nous allons, il n'y a pas un hôtel à l'horizon, pas de restaurants non plus, nous allons devoir subvenir à nos besoins pendant au moins deux semaines. Tente, nourriture, eau en grande quantité, il faut tout prévoir, acheter un véhicule tout-terrain, des pneus de rechange, des pièces, de l'essence. Et surtout, le plus difficile, il faut trouver un *fixer* !

J'ai rencontré Tarek dans le lobby du Sheraton. Fait rare pour un Koweïtien, il parle français. Tarek est le rédacteur en chef du *Kuweit Times*. Grand, costaud, le visage ovale traversé par une large moustache, c'est un personnage coloré qui en mène large et qui connaît tout le monde. Grâce à ses nombreux contacts, il a aidé bon nombre d'équipes de journalistes étrangers cherchant à entrer en Irak à trouver un *fixer*.

Il faut dire que le lobby de l'hôtel, quartier général de journalistes des quatre coins du globe, est un endroit effervescent depuis la déroute de l'armée irakienne et la fuite de Saddam Hussein. Il y règne une ambiance de poste-frontière du Far West. Les médias fourbissent à leur tour leurs armes, se préparant eux aussi à partir à l'assaut de l'Irak. Comme toujours, les Américains imposent leur présence. Leurs équipes de télé ont apporté des Hummer dans lesquels elles ont installé des satellites mobiles qui leur permettront de diffuser en direct et d'alimenter leurs reportages à leurs réseaux en plein désert. Les Britanniques, pour ne pas être en reste, ont des Range Rover. À la guerre comme à la guerre!

En comparaison des leurs, mes moyens ressemblent à ceux de l'armée canadienne. Nous sommes deux, le caméraman Raynald Bourdua et moi, dans un 4x4. François, le réalisateur de l'équipe de RDI au Koweït, refuse de nous suivre en Irak. Couvrir la guerre à partir d'un hôtel cinq-étoiles dans un pays protégé par l'armée américaine, c'est une chose, mais partir sans protection à l'aventure dans un pays en guerre, c'est une autre histoire. L'expédition ne s'annonce pas facile.

Deux personnes, ce n'est pas beaucoup, d'où l'importance de trouver un *fixer* fiable. Cela devient capital. Tarek me semble le candidat idéal. Il connaît le pays. Avant la première guerre du Golfe, Bassora était une destination prisée des riches vacanciers koweïtiens. Et comme beaucoup de ses compatriotes, Tarek aimait aller s'y détendre pour profiter des règles de vie moins strictes de ce pays laïque où les femmes ne portent pas de voile et où la consommation d'alcool est permise.

Malgré mon insistance, Tarek m'explique que ses obligations l'empêchent de partir. Il promet de me trouver un bon *fixer*, mais je n'en démords pas, c'est lui que je veux. Je ne sais pas si c'est mon entêtement ou si au fond il désirait vraiment faire le voyage, mais Tarek accepte finalement de nous accompagner et de nous servir de *fixer*. Je suis ravi. Mais je vais bientôt le regretter...

Après avoir réglé les dernières formalités, nous quittons notre hôtel et fonçons vers le désert.

La route est large, lisse, sans relief. Le vent chaud et sec souffle des vagues de sable orange. Tarek, qui conduit, roule vite. Tenant le volant d'une main, il décrit de l'autre de grands cercles. « Regarde, tout ce secteur, jusqu'à la colline là-bas, c'est ici que les Américains ont massacré les soldats de Saddam qui tentaient de fuir le Koweït lors de la première guerre du Golfe. Jusqu'au bout, là-bas, tu vois ? Ils sont tous morts ici. C'est pour ça qu'on l'appelle la route de la mort. » Je regarde autour de moi. Les images de désolation me reviennent à l'esprit, une longue ligne de véhicules, les images prises à bord des avions américains montrant les bombardements. Les camions, les chars explosent. Un chauffeur qui tente de fuir à pied est abattu. Des dizaines d'Irakiens ont perdu la vie ici cette journée-là. Un massacre qui n'a rien réglé, comme en fait foi notre présence.

Il faut une heure pour atteindre la frontière irakienne.

Au poste-frontière, Tarek prend nos papiers, il blague avec les militaires, négocie. En quelques minutes, la barrière est levée, et la porte longtemps fermée s'ouvre devant nous. *Go !* On fonce avant que les gardes changent d'idée.

Premier choc : la pauvreté. Depuis vingt ans, Saddam Hussein, puisant dans les plus vastes réserves de pétrole du monde, avait redonné à l'Irak son rôle historique de puissance militaire dominante dans la région. L'Irak avait mené une dure guerre à l'Iran, avait envahi le Koweït et défié le monde. Et les Américains, même après avoir mis en déroute les puissantes divisions de blindés de Saddam, n'avaient pas osé pousser leur riposte jusqu'à Bagdad pour déloger le raïs. Pendant vingt ans, l'Irak m'était apparu comme une nation dominante, dirigée par un dictateur sans vergogne certes, mais une nation fière tout de même, une puissance qui avait su résister à ses adversaires malgré tout. Et là, à mesure que nous avancions, je découvrais un pays assoiffé, affamé. Partout, la saleté. Cette saleté des populations aux abois ayant renoncé à leur dignité. Des enfants guettent les véhicules sur le bord de la route, à l'affût d'un morceau de nourriture ou d'une bouteille d'eau échappée. Privés d'eau, d'électricité, et de tout le reste depuis des mois, les Irakiens attendent, ils attendent que les choses s'arrangent…

Nous nous dirigeons vers Oum Qasr, ville frontière, qui fut la première cible de l'armée d'invasion américano-britannique. Le jour avance, et ma priorité est de trouver un lieu sûr où dormir et une source d'alimentation satellite. Sans satellite, pas de reportages au *Téléjournal*. Au bureau, avant mon départ, on m'a dit que la BBC a installé une antenne dans le port d'Oum Qasr. C'est bon à savoir.

Nous avons deux heures pour tourner un reportage avant que le jour tombe. Je demande à Tarek de trouver une famille qui voudra bien nous accueillir et nous raconter comment elle survit. « Facile, dit-il. Les Irakiens sont accueillants. » Il faut peu de temps en effet pour trouver ce que nous cherchons.

Nous pénétrons dans la cour d'une petite résidence comme mille autres. Les murs autrefois blancs sont aujourd'hui gris. Une fois la porte d'entrée franchie, on se retrouve dans une petite cour. Un homme nous accueille. Il sourit. Au fond, une vieille femme fabrique du pain *nan* dans un petit four en pierre. Elle tapote ses galettes d'un geste habile et assuré, puis les colle sur la paroi intérieure du four pour les cuire. Partout dans le monde, l'odeur du pain chaud fait oublier aux hommes la dureté de la vie.

Nous entrons dans la maison. Il fait sombre. Chez nous, les résidences sont garnies de grandes fenêtres pour laisser entrer la lumière. L'hiver, le soleil qui plombe nous aide à oublier le froid. Mais dans le désert, l'ennemi, c'est la chaleur. La chaleur menace l'homme, et sa maison l'en protège. Les murs sont épais comme ceux d'une forteresse, les fenêtres, rares et couvertes de volets. Dans la pénombre, il fait plus frais, l'été devient supportable.

Une vingtaine de personnes vivent entassées dans cette maison. Les femmes dorment dans une pièce, les hommes dans l'autre. Youssef, notre hôte, insiste pour me montrer une image accrochée en haut d'un mur. Une vieille image d'un homme saint, un bout de papier jauni aux coins racornis, qui trône comme un objet de fierté dans cette humble demeure. Youssef m'explique qu'il s'agit de Raphaël I Bidawid, le

patriarche de Babylone, le chef de l'Église chaldéenne
d'Irak. La famille de Youssef est chrétienne. Les chrétiens ne forment que 3 % de la population irakienne. Il
y aurait environ 650 000 chrétiens en Irak, dont un peu
plus de 500 000 chaldéens. Les chrétiens forment une
minorité faible et éclatée. La plupart vivent dans les
grandes villes, principalement à Bagdad. Ce sont les
derniers survivants d'une très ancienne communauté
religieuse, antérieure à la naissance de l'Islam.

L'image du patriarche sur le mur est tout ce qui
distingue la famille de Youssef de celles de ses voisins dans ce village chiite. L'Irak du parti Baas était
une république séculière, laïque, qui pourtant recon-
naissait l'islam comme religion. Mais le régime n'était
pas opposé aux chrétiens et donnait même de l'argent
pour l'entretien des églises.

L'image sur le mur et la fierté qu'elle offre à Youssef et aux siens sont bien la seule richesse de cette
demeure. Dans la cuisine, il y a un réfrigérateur au
milieu de la pièce. Je l'ouvre. Rien, il est vide, complètement vide. Normal, il n'y a plus d'électricité
depuis si longtemps. Dans le garde-manger, un peu
de farine, quelques conserves. Malgré la précarité de
leurs conditions de vie, nos hôtes se montrent pré-
venants, gentils. On sent que ces gens n'ont pas toujours été pauvres. Ils m'expliquent que maintenant
que Saddam Hussein a été chassé, ils espèrent que la
paix va revenir et qu'ils pourront reprendre leur vie
normale. Tarek traduit leurs propos en français, un
plus pour mon reportage. Ils ne sont pas hostiles aux
Américains. Ça viendra un jour…

Après avoir remercié la famille de Youssef, nous partons à la recherche d'un endroit sûr où dormir. Tarek a entendu parler d'un camp de journalistes à la limite d'Oum Qasr. Nous trouvons l'endroit sans difficulté. Mais la nuit tombe, il sera impossible de se rendre dans le port. Sans l'antenne de la BBC, je ne peux acheminer mon reportage. Gros contretemps !

Le camp est installé dans la cour d'un garage, protégée des intrus par un mur coiffé de barbelés. Une vingtaine de tentes ont été plantées dans la cour. Des journalistes des quatre coins du globe se retrouvent ici. Bienvenue au camping d'Oum Qasr !

Je suis content d'avoir réussi à entrer en Irak, mais comme je ne peux acheminer mon reportage à Montréal, ça ne sert pas à grand-chose ! Pendant que je gare le véhicule dans la cour, un jeune homme avec un accent scandinave me demande si je peux le déplacer, car il s'apprête à entrer en ondes et je suis dans le champ de sa caméra. Quoi ? Entrer en ondes ? Devant moi, une antenne satellite est plantée à côté d'une vieille fourgonnette. L'accent scandinave est en fait un accent danois et le jeune homme, un technicien de la chaîne Danish TV One. Fantastique ! « Je peux utiliser votre satellite pour alimenter Montréal ?

— Pas de problème, dit-il. Demande-leur d'appeler Copenhague pour arranger le tout. » Je n'en reviens pas, quelle chance !

Une heure plus tard, soulagés, Raynald et moi sommes en train de monter notre reportage sous le ciel étoilé irakien. La petite génératrice que nous avons apportée nous fournit l'électricité nécessaire dans ce pays qui n'en a plus. Il fait chaud, et Tarek nous apporte deux grosses bières : deux canettes de Dab, une bière allemande ! Depuis deux mois, je n'avais bu qu'un verre de vin à l'ambassade canadienne. Deux mois de régime sec forcé au Koweït où l'alcool est interdit. « Où as-tu trouvé de l'alcool, Tarek ?

— Nous sommes en Irak, Michel, dit-il. Ce n'est pas le Koweït, c'est permis ici. »

Après la journée que nous venons de passer, cette bière est une bénédiction, la cerise sur le *sundae* ! C'est la meilleure que j'ai bue de toute ma vie. Parfois encore, quand je vois une Dab sur une étagère, je l'achète, et le temps de quelques rasades, je revis cette soirée mémorable en Irak.

Le lendemain matin, nous partons tôt et nous dirigeons vers Bassora, deuxième ville en importance du pays avec ses 2,6 millions d'habitants. Il s'agit du principal port du pays, situé dans le Chatt-el-Arab, l'estuaire commun formé par la jonction des fleuves jumeaux de la Mésopotamie, le Tigre et l'Euphrate. La région de Bassora compte de nombreux puits de pétrole. Mais il s'agit aussi d'une région fertile. Autrefois traversée de canaux, cela lui avait valu le surnom de « Venise du Moyen-Orient ». On dit qu'elle a longtemps produit les dattes les plus succulentes au monde. C'était même une destination touristique appréciée dans le Golfe.

Mais aujourd'hui, la capitale du Sud est à genoux, comme le reste du pays. L'armée britannique contrôle le secteur. Elle distribue de l'eau dans les quartiers populaires pour amadouer la population. Soulagé du joug de Saddam Hussein, le peuple sort en masse dans les rues. Les files d'attente s'étirent longtemps malgré le soleil brûlant.

Le soir, de retour au camp, Tarek a encore trouvé de l'alcool. En fait, le manège se répète chaque jour, et Tarek boit de plus en plus. Il boit tout ce qu'il trouve, bière, scotch, vodka, alcool local frelaté. Tout ce qui lui tombe sous la main, et en quantité toujours plus importante. Je commence à m'inquiéter sérieusement, car l'alcool affecte son comportement. Il a chaque jour un peu plus de difficulté à se lever le matin, empeste le fond de tonne.

Après quelques jours de ce régime, je dois lui interdire de conduire. S'il heurte un enfant, nous risquons de nous faire lyncher ici. Tarek cache des bouteilles dans ses valises, dans le 4x4, bref partout où il le peut.

À mesure que sa consommation d'alcool augmente, son attitude change et commence à poser un sérieux problème. Il devient colérique, se dispute avec les Irakiens, ce qui n'est pas de bon augure. Cela nous met dans le pétrin plus d'une fois et c'est loin d'être une qualité pour un *fixer*.

Je m'aperçois alors que mon *fixer* est devenu un fardeau, une bombe à retardement dans ce pays où l'on doit chaque seconde agir avec doigté. J'ai beau jouer à cache-cache avec ses bouteilles, je n'arrive pas à l'empêcher de boire. Je me rends compte trop tard qu'au Koweït, ça ne posait pas de problème, il n'y avait pas d'alcool. Mais ici, comment faire pour le retenir ? Je dois composer avec un *fixer* alcoolique dans un pays déchiré par les combats. La situation devient extrêmement délicate. Je ne fais plus confiance à Tarek, mais je ne peux le renvoyer, car je ne peux me passer d'un *fixer*. Sans *fixer* pour le guider et lui servir de traducteur, un journaliste devient sourd et muet. Décidément, je suis coincé ! Quoi que je fasse, le danger guette.

Une semaine plus tard, je me retrouve à Nasiriya, petite ville de 260 000 habitants située le long de l'Euphrate, à moins de 400 kilomètres de Bagdad. Sa position stratégique en fait le verrou du Sud.

Nasiriya a d'ailleurs été le théâtre de durs combats. Les quatre mille hommes du premier corps expéditionnaire des marines ont mis trois jours pour atteindre les deux ponts jetés sur l'Euphrate. C'est ici que les marines se sont frottées pour la première fois aux fedayins de Saddam.

La bataille urbaine a été sanglante. Le correspondant de l'AFP a raconté avoir vu au nord de la ville « plusieurs dizaines de cadavres d'Irakiens qui jonchaient la route et dont il était impossible de dire s'il s'agissait de soldats ou de civils ». Un autre envoyé spécial, de l'agence britannique Reuters, a dénombré de son côté une trentaine de « corps démembrés », des cadavres décapités, des membres éparpillés qui gisaient sur la route.

Je suis à Nasiriya avec des dizaines de journalistes étrangers parce que les Américains y ont réuni des leaders irakiens pour négocier. L'après-Saddam Hussein se négocie déjà. Le niveau de sécurité est au maximum, l'armée américaine tient les journalistes à distance. Comme les autres, je fais le pied de grue devant des *G.I.* rogues. J'attends sous un soleil de plomb. Il n'y a rien d'autre à faire. La chaleur m'étouffe. Pas d'abri en vue, pas moyen d'y échapper.

Au bout d'un certain temps, je remarque une grosse bosse dans la poche du pantalon de Tarek. Encore une bouteille qui m'a échappé! Tarek se promène le long de la barricade et il nargue les soldats américains qui n'entendent pas à rire. Avant qu'ils s'en prennent à lui, je le saisis par le bras et le force à rester assis dans notre 4x4. Au terme de longues heures d'attente, alors que le soleil commence à tomber, une fois les notables irakiens tous partis, les Américains nous laissent finalement passer. Je mets le véhicule en marche, et Manon Globensky, la correspondante de la radio de Radio-Canada, monte derrière. Soudain, un bruit sourd.

« Hé, c'est quoi? » Quelque chose vient de tomber sur les pieds de Manon, un objet lourd. Elle se penche pour le ramasser, « Michel! Un revolver! » Je me retourne, Manon me regarde, hébétée. Il ne s'agit pas d'un revolver, mais d'un pistolet, un 9 mm. Tarek s'empresse de le ramasser. Il le remet rapidement dans sa poche. Ce n'était pas une bouteille, mais une arme. « C'est quoi ça, Tarek?

— Juste une arme, je l'ai achetée pour nous protéger. Si on est mal pris, ça va nous donner une minute. Une minute, c'est suffisant pour nous mettre à l'abri, Michel. C'est tout ce dont nous aurons besoin », bredouille-t-il. Je n'en reviens pas. J'ai passé la journée devant des militaires américains avec un *fixer* soûl et armé. Un ivrogne que je n'arrivais pas à contrôler. Les images s'accélèrent dans ma tête. Et pour une rare fois dans ma vie, j'explose de colère. « Tarek ! Imbécile ! Tu aurais pu nous faire tous tuer ! Te rends-tu compte ? » Les insultes sortent de ma bouche sans retenue. Les jurons québécois qu'il ne comprend pas, aussi. J'en ai presque le vertige. Insulté de se faire ainsi engueuler, devant une femme en plus, le *fixer* se fâche. « Puisque c'est comme ça, je m'en vais, réplique-t-il.

— Pas question, Tarek, tu restes là, et tu la fermes ! Tu me donnes ton arme, tu restes assis, tu ne parles pas, tu ne dis rien, tu ne bouges pas et tu te tais, tabarnak ! » Je saisis l'arme, une copie bon marché de Beretta. Elle est armée. « Bon sang ! » Je cache le pistolet dans les bagages et reprends le volant. Tarek boude, comme un enfant qui s'est fait prendre. Heureusement, demain nous quittons l'Irak.

Ce soir-là, nous trouvons refuge dans une ancienne école coranique abandonnée depuis de nombreuses années. L'endroit a été transformé en camp de journalistes. À l'entrée, un homme exige de l'argent pour garder notre véhicule. Je remarque que chaque véhicule a son gardien, couché sur le capot, et comprends que je n'ai pas le choix. Si je ne lui verse pas l'argent, cela me coûtera probablement mon 4x4.

Puisque nous arrivons les derniers, le seul endroit encore libre pour y installer notre équipement de montage... ce sont les toilettes. Les toilettes désaffectées d'une vieille école en ruine n'ont rien d'un lieu inspirant, mais ça fera l'affaire.

Raynald et moi sortons en hâte notre équipement de montage. Quand Raynald met finalement en marche notre petite génératrice, un orage éclate. L'humidité fait soudainement sortir les cafards des murs, du plancher, du plafond. On dirait qu'ils sortent du sol. Des milliers de cafards, des centaines de milliers de cafards, partout, qui grimpent sur nous et se glissent sous nos vêtements. Et puis, il y a l'odeur ! Ouf ! C'est un mystère de la nature humaine. À Montréal, j'aurais fui à grands pas. Mais ici, mon seuil de tolérance grimpe automatiquement d'un cran. Raynald et moi montons notre reportage en nous bouchant le nez et en repoussant les insectes trop insistants. À la guerre comme à la guerre.

Une fois le reportage envoyé par satellite à Montréal, nous installons notre tente sur le toit plat de l'école, car les cafards y sont moins nombreux. Au terme d'une journée exténuante, il ne faut que quelques minutes au sommeil pour s'emparer de nous.

Le lendemain matin, je trouve Tarek couché dans la boîte d'un camion. Il a dormi à la belle étoile, sous la pluie. Je le réveille au moment de partir, il est encore engourdi par l'alcool. Nous reprenons la route vers le sud. Tarek insiste pour passer par Oum Qasr, où il revend son pistolet. Après avoir réparé une dernière crevaison, nous atteignons finalement la frontière koweïtienne. Je retrouve avec soulagement la sécurité des larges autoroutes. Pour la première fois depuis presque deux semaines, mes sens peuvent se relâcher, nous sommes en sécurité. Tout d'un coup, je suis si fatigué. Une heure plus tard, je laisse Tarek chez lui. Malgré tout, je ne peux lui en vouloir vraiment.

« Salut, Tarek ! Merci. » Il a l'air d'un enfant penaud qui sait qu'il a fait un mauvais coup. « Allez Michel, bon retour au Canada. Et si tu reviens au Koweït, tu sais où me trouver ! » Oui, Tarek, oui je sais.

CHAPITRE 4

Aristide et moi

Port-au-Prince, 2003

« Voyez les marques laissées par les balles. Là ! là et là, là encore. » Le chef du petit poste de police pointe de son bras les traces laissées par les balles sur le mur de pierre. La jeune quarantaine, mince, rasé de près, son uniforme bien pressé. Il parle d'une voix posée, presque douce, dont émane une certaine assurance, cette assurance propre à ceux qui ont l'habitude du commandement. Le modeste poste qu'on lui a confié se trouve aux limites de Port-au-Prince. Il y a deux jours, des hommes armés, probablement des membres des forces rebelles du Nord qui, après avoir envahi le pays, menacent maintenant la capitale, l'ont pris d'assaut. Moins bien armés, moins motivés, les officiers de la police nationale ont pris la fuite. Pourquoi après tout risquer leur vie pour ce petit poste sans importance ?

Pour le gouvernement central, cependant, la présence menaçante des rebelles aux portes de la capitale conférait au poste situé sur la principale route d'accès à la ville une valeur stratégique fondamentale. C'est pour cette raison que l'unité d'élite des forces policières haïtiennes, commandée par le lieutenant

Joseph, a reçu la mission d'en reprendre le contrôle et de tout faire pour le garder.

Isolé, abandonné de ses anciens alliés, le président Jean-Bertrand Aristide refuse de partir. Il s'accroche au pouvoir. Mais depuis une semaine, la tension devient intenable, la situation militaire, critique. Des manifestations violentes, souvent animées par ses propres partisans, secouent, déchirent la capitale assiégée.

La révolte armée contre Aristide a pris son élan aux Gonaïves, ville symbole de l'indépendance haïtienne. C'est aux Gonaïves que, en 1802, le charismatique Toussaint Louverture a entrepris la marche qui allait lui permettre de vaincre l'armée de Napoléon, puis libérer son pays du joug français et faire d'Haïti le premier pays des Antilles à obtenir son indépendance. Un exploit qui, deux cents ans plus tard, fait encore la fierté du peuple haïtien, alimente ses rêves de démocratie et de liberté et l'aide à oublier la suite moins glorieuse de son histoire. D'ailleurs, alors que le pays s'apprête à célébrer le 200e anniversaire de son indépendance, le bruit des armes tonne à nouveau dans l'île d'Hispaniola. Les rebelles du Nord, mélange de bandits et d'ex-militaires dirigés par l'ancien commissaire de police Guy Philippe, tiennent la capitale dans leur mire. Port-au-Prince désarmée ne peut compter que sur des policiers pour la défendre.

Peu de temps après son élection à la présidence, Jean-Bertrand Aristide a dissous l'armée. Il avait vu ses nombreux prédécesseurs manipulés et renversés au gré des intérêts des généraux. « Cette armée qui n'a jamais combattu que le peuple haïtien », disait alors avec mépris le nouveau président. Aujourd'hui lourdement armés, les rebelles, le doigt sur la détente, menacent l'autorité d'Aristide, exigent son départ et le retour de l'armée nationale. Haïti se retrouve une fois de plus face à son destin, déchiré dans le sang, plongé dans un nouveau drame.

La crise haïtienne attire les journalistes qui, depuis quelques semaines, affluent de partout...

Ce n'est qu'une question de temps avant que les rebelles donnent l'assaut à la capitale. Demain, peut-être, dans deux jours au plus tard. Dans ce contexte, le petit poste du lieutenant Joseph devient un poste-frontière stratégiquement vital.

Ici, la ville s'étiole, devient banlieue. Autour de la route principale s'articulent une série de petites rues sinueuses autour desquelles s'agglutinent de maisonnettes délabrées. Le quartier a son propre marché, ses propres commerces. Ce n'est plus tout à fait Port-au-Prince, mais ce n'est pas encore la campagne. Ces faubourgs populeux abritent de nombreux gangs qui y règnent en maîtres. On raconte que les rues servent de pistes d'atterrissage aux avions des puissants narco-trafiquants qui ont fait d'Haïti une plaque tournante du commerce de la drogue.

Notre présence attire d'ailleurs une foule de curieux qui restent à distance. Ils sont de tous les âges et nous observent en silence, comme on regarde une curiosité. Parmi la foule, je remarque un groupe de jeunes hommes qui ne semblent clairement pas appré-cier la présence de journalistes étrangers dans leur quartier. Le visage dissimulé derrière un foulard, ils nous invectivent en créole, nous font des doigts d'honneur.

Je les reconnais facilement. Les Haïtiens les surnomment « les chimères ».

Sans doute les plus farouches partisans d'Aristide, ils n'aiment pas être appelés ainsi. « Les chimères n'existent pas ! » m'a déjà dit l'un d'eux. Mais à Port-au-Prince, ces bandes de jeunes passent pour une sorte de milice à la solde du président, qui les finance pour que, en contrepartie, ils s'occupent de ses basses œuvres.

Ils n'aiment pas les journalistes étrangers qu'ils croient opposés à Aristide, mais ils ne s'en sont jamais pris physiquement à l'un d'entre nous jusqu'à maintenant. Je décide d'aller leur parler. Après tout, le lieutenant Joseph et ses hommes sont là, que peut-il bien m'arriver ?

« Viens, Sylvain, on va leur parler », dis-je à mon caméraman. Sylvain Richard, posté à Washington depuis plusieurs années, connaît Haïti bien mieux que moi. C'est un vétéran de ce genre de mission, il en est à plus d'une dizaine de visites dans le pays. Il me jette un regard, puis me suit. Sa caméra tourne, mais Sylvain la tient nonchalamment au bout de son bras, comme un sac. Un vieux truc pour ménager les susceptibilités. Ainsi, on ne voit pas qu'il filme la scène.

Il ne nous faut que quelques enjambées pour traverser la rue. Les policiers, fusil à la main, nous regardent aller sans rien dire.

J'ai interviewé plusieurs chimères à de nombreuses reprises depuis mon arrivée. Les réponses obtenues se révèlent en général courtes, mais cinglantes et claires. Les chimères répètent chaque fois qu'on leur tend un micro le même mantra :

« Cinq ans, cinq ans. Laissez Titide finir son mandat de cinq ans. »

Je m'adresse à celui qui semble être le chef du groupe. Jeune vingtaine, look de *rapper*, jeans trop grand, T-shirt ample, un foulard rouge lui couvre la moitié du visage. Je ne vois que ses yeux. « Bonjour », dis-je en souriant. J'évite délibérément de pointer mon micro dans sa direction. Je tends la main, amical. Soyons prudents, il s'agit d'abord d'établir un contact : « Je m'appelle Michel. Je suis du Canada. » Je m'attends à ce qu'il prenne ma main. Après tout, les Haïtiens ont l'habitude de ces salutations formelles.

Mais soudain, son regard se contracte. Ses yeux se resserrent, se durcissent. Il met sa main droite dans son dos et, d'un geste vif, sort un pistolet. En une seconde, l'arme est pointée sur mon visage, directement sur moi. Tout se fait si vite. Le canon est à moins d'un mètre, pointé à la hauteur de mes yeux comme un cobra braqué, sur le point de bondir et mordre. C'est un 9 mm. Je suis complètement pris de court, mes jambes sont lourdes comme du plomb, je n'ose bouger, je fige. Mon cœur, lui, au contraire s'emballe.

L'homme se met alors à crier, à m'invectiver. Il hurle dans un créole incompréhensible derrière son foulard. Je n'y comprends rien, mais les mots résonnent pourtant dans ma tête en saccades furieuses. Je ne vois que ses yeux acérés comme une lame, de petits yeux, jaunes irisés de rouge.

L'homme devant moi est visiblement drogué, la hargne qu'exprime ce regard et le doigt appuyé sur la détente me glacent le sang. Ah non! Ce n'est pas bon, pas bon du tout... La situation prend une tournure que je n'avais vraiment pas prévue, devient dramatique, je dois calmer le jeu, calmer tout le monde.

«Calme, calme», lui dis-je. Je sens un vertige. On dirait que mon cœur a maintenant cessé de battre. «Calme, calme», dis-je encore dans l'espoir d'amadouer l'homme armé. Je me penche pour déposer sur le sol le micro, comme s'il s'était agi d'une arme que je mettais à ses pieds. Je baisse également les yeux vers le sol, n'ose le regarder, ne veux pas défier son regard. Mais rien à faire, la chimère continue de décharger sur moi son jargon incompréhensible.

Et puis subitement, des coups de feu : Bang! Bang! Bang! Bang! Juste à côté de moi. Ah non! Non, non, non! Le vertige se transforme en un rugissement silencieux qui me traverse le corps, me secoue, quelque chose que je n'ai jamais connu, quelque chose qui fait mal. Ces coups de feu, c'est la mort, la mort.

SYLVAIN!

Trois semaines plus tôt, au-dessus des Caraïbes

La tête appuyée contre le hublot, je regarde l'océan défiler sous l'Airbus. À dix mille pieds d'altitude, je découvre la mer des Caraïbes et son chapelet d'îles. Je reconnais Cuba. L'île est bien plus grosse que les autres. Et pourtant, d'ici, elle paraît si petite. On distingue tout le contour de vastes plages immaculées et la forêt tropicale qui se dresse au centre. Cette jungle foisonnante, où Castro et le Che se sont longtemps cachés, semble encore sauvage. Je n'ai jamais visité Cuba. Pas plus qu'aucun autre pays de la région. En fait, je ne suis jamais allé dans les Antilles. Mon seul voyage dans le Sud se résume à une expédition punitive à Fort Lauderdale avec un groupe de copains de Sorel à l'époque de mes études universitaires.

Les temps ont bien changé. Je ne suis pas ici en vacances et ce voyage s'annonce bien différent. Cuba n'est pas ma destination, je me rends dans une autre île des Caraïbes, une île située un peu plus loin, elle aussi riche en histoire. Mais les touristes la fuient depuis longtemps. Pas d'hôtels chics sur la plage, pas de complexes hôteliers pour accueillir les voyageurs. Le Club Med a fermé ses portes il y a plusieurs années.

De toute façon, qui voudrait y passer ses vacances ? Haïti se trouve à nouveau plongé dans un grave conflit politique et un nouveau conflit armé. Un groupe de rebelles contrôle le nord du pays, et à Port-au-Prince, l'opposition exige le départ de Jean-Bertrand Aristide, qu'elle accuse de détourner les fonds publics. Les Américains, eux, soupçonnent le président de trafic de drogue.

Envoyé spécial ! Voilà comment on appelle un journaliste envoyé en mission à l'étranger. Accompagné d'un réalisateur et d'un caméraman, j'ai été dépêché par la télévision de Radio-Canada pour couvrir la crise haïtienne.

L'aventure qui se dessine me grise autant qu'elle m'inquiète. Car c'est l'une des premières missions du genre qu'on me confie, et la tâche ne s'annonce pas facile. D'ailleurs, qu'est-ce que je connais d'Haïti? Comment arriverai-je à expliquer au public québécois, avec la justesse nécessaire, les méandres et les subtilités de cette société complexe?

Pour moi, Haïti, c'est d'abord mon oncle Roger. Roger Tremblay, homme peu banal, entrepreneur jamais à court d'idées ou de projets ambitieux. Ces derniers ont enrichi plusieurs de ses patrons, sans que lui en profite réellement. Mais il avait son idée pour y arriver, son rêve. Ce grand projet, qu'il gardait dans ses cartons pour lui, et qui allait enfin lui permettre de faire fortune passait par Haïti.

Il y débarque au début des années 1970 avec l'intention d'y mettre sur pied de vastes plantations de fruits et légumes. Cela se fait déjà à l'époque dans d'autres pays de la région, mais pas en Haïti. Pendant deux ans, il sue sang et eau, engloutit tout son argent, toutes ses énergies dans le projet, sans se laisser décourager par les nombreuses embûches qu'il rencontre. Nous avons été presque deux ans sans le voir dans les réunions de famille. Et puis, un jour, grande nouvelle, un nouveau produit a fait son apparition sur les étagères des supermarchés Steinberg: les tomates Roger! Mon oncle avait finalement réussi, envers et contre tous!

Malheureusement, les contes de fées ont la vie courte en Haïti. Et celui de Roger Tremblay achève déjà. Alors qu'il touche au but, la météo vient tout gâcher. Un champignon mystérieux détruit ses récoltes et son rêve en quelques semaines. Les tomates Roger disparaissent des étagères des supermarchés. Fin de l'aventure de Roger Tremblay, grand producteur maraîcher d'Haïti. Mon oncle réapparaît aux fêtes de famille le Noël suivant. Amaigri et abattu, il ne se remettra jamais vraiment de son échec. La flamme qui brillait dans son regard s'était éteinte, son sourire crâneur avait disparu. Roger Tremblay ne retournera jamais en Haïti. Voilà ce qu'était ce pays pour moi, le dernier endroit où je pensais aller dans ma vie, le dernier endroit où j'avais envie d'aller.

Et me voilà confortablement installé dans un fauteuil d'où je découvre l'île d'Hispaniola, que Colomb prit pour la Chine en 1492. Aujourd'hui, deux pays se la partagent, la République dominicaine à l'est et Haïti à l'ouest.

Un pays en forme de pince de crabe. En arrivant par le Nord, on découvre d'abord la grande île de la Tortue, puis la pointe nord du pays. Au loin, j'aperçois la ville de Cap-Haïtien.

Port-au-Prince, la capitale, s'étend au fond du golfe de la Gonâve, sur la plaine du Cul-de-Sac, juste au pied de la montagne de la Selle. Le site est grandiose. À mesure que l'avion descend, je découvre une terre traversée par d'immenses massifs montagneux. D'immenses montagnes chauves. Presque tous les arbres ont été rasés. De la vaste jungle sauvage qui couvrait autrefois le pays, il ne reste plus aujourd'hui qu'une grande terre pelée, soufflée par des vents brûlants. Même si je savais que la déforestation constituait un problème grave en Haïti, l'image de cette vaste étendue presque désertique, dénuée de toute végétation, représente tout de même un choc. Cela rappelle les coupes à blanc de la forêt boréale québécoise que j'ai souvent survolée. Sauf qu'ici, le problème s'étend à l'ensemble du pays.

L'avion s'approche enfin de Port-au-Prince. À mesure que nous descendons, l'océan se brouille. L'immense bleu azur si lumineux des Caraïbes se voile peu à peu et cède la place au marron repoussant d'une eau boueuse, sale, polluée.

Sans système valable d'épuration des eaux, les habitants de Port-au-Prince rejettent chaque jour des millions de tonnes d'eau usée dans la baie qui la ceinture. La ville trempe littéralement dans un repoussant bain saumâtre.

Plus la descente se poursuit, plus je découvre une ville brouillonne, bâtie sans plan fixe, constituée d'une succession de petites habitations grises construites au hasard. Au loin, dans les montagnes plus fraîches, on voit les quartiers chics et leurs luxueuses villas retranchées derrière de hautes et épaisses murailles. Dans la basse ville, les bidonvilles s'entassent les uns contre les autres. Des quartiers populaires auxquels leurs habitants ont donné de jolis noms, des noms colorés, joyeux : Martissant, Canapé Vert, Cité-Soleil, comme pour faire oublier le gris d'une vie passée dans ce four étouffant.

Cité-Soleil ne se trouve plus qu'à quelques centaines de mètres en dessous de nous. Cité-Soleil, le pire bidonville des Caraïbes. Jusqu'à 300 000 personnes y suffoquent sous un soleil de plomb, sans électricité, sans eau courante, sans égouts dignes de ce nom. Le quartier n'est qu'une succession de bicoques de bois, de tôle ou de parpaing, délabrées. Des couches de détritus recouvrent la rue par endroits. De gros porcs noirs s'y vautrent tranquillement. L'eau de pluie a formé de larges mares de boue visqueuse où flottent des déchets et dans lesquelles les enfants s'amusent. Cité-Soleil vit sans verdure, sans couleur, sans espoir. De toute façon, on ne vit pas à Cité-Soleil, on y survit. Et les avions qui atterrissent et décollent à l'aéroport voisin rappellent constamment à ses habitants que, contrairement aux voyageurs, eux ne sortiront jamais d'ici.

L'avion touche finalement le sol de l'aéroport Toussaint-Louverture. Il n'y a aucune luxueuse rampe de débarquement pour nous accueillir. Un simple escalier posé contre la porte permet de descendre et d'entrer à pied dans l'aérogare.

À peine débarqués, nous sommes assaillis par une nuée de chauffeurs de taxi qui tentent de prendre nos bagages, cherchent à les engouffrer dans leur véhicule et à nous emmener.

« Taxi, monsieur, taxi ? » Les chauffeurs se bousculent, nous agrippent par le bras.

« Venez, je vous emmène. Donnez-moi vos bagages, je m'en occupe. »

Ils essaient de s'emparer de nous comme d'un butin et la compétition entre eux est féroce, car les touristes sont rares.

L'arrivée constitue toujours un moment stressant. Une équipe de télé apporte beaucoup d'équipement. En plus de la caméra, il y a le dispositif de visionnement et de montage. Cela représente plusieurs grosses malles, en plus de nos bagages personnels. Nous sommes trois. Sylvain, le caméraman, est le plus expérimenté du groupe. Basé à Washington, il a visité Haïti à plusieurs reprises. Bruno Bonnamigo, le réalisateur, a également plusieurs missions à son actif. Et il y a moi, presque une recrue en zone de conflit.

Une personne contactée avant de partir vient nous chercher et nous amène à notre hôtel, le El Rancho, juché sur les collines de Pétionville. Le quartier abrite les grands hôtels de la capitale et la plupart des villas des riches familles haïtiennes.

Plusieurs journalistes ont déjà établi leurs quartiers au El Rancho.

Nous l'avons élu, car c'est l'un des deux établissements choisis par les agences de presse pour y installer leurs relais satellites permettant d'acheminer les reportages et de faire des directs. Et trouver un point d'alimentation est primordial. L'idéal, c'est de se loger dans le même hôtel. C'est plus pratique et plus sûr si les choses se gâtent et que sortir la nuit devient trop risqué.

Le soir de mon arrivée, on me demande un direct avec Bernard Derome au *Téléjournal*. Installé sur le toit de l'hôtel, je tente de résumer la situation le plus succinctement possible, d'expliquer les grands enjeux politiques sur la table, les principaux acteurs : Aristide, les rebelles de Buter Métayer, au nord, qui contestent son autorité, l'opposition démocratique à Port-au-Prince. Je décris du mieux que je peux l'ambiance qui règne dans la capitale. Tout ça en deux minutes et après n'avoir passé que quelques heures dans le pays, alors que je n'en ai encore vu que l'aéroport et la route menant à l'hôtel. Et tout ça dans le noir !

Quand on fait ce genre d'exercice, on choisit habituellement un endroit qui permet d'illustrer les lieux où l'on se trouve. Mais il n'y a aucun décor en arrière-plan, qu'une grande noirceur derrière moi, cette grande noirceur qui fond sur la capitale et le pays tout entier lorsque le soleil disparaît. Un million de personnes, et pourtant on discerne à peine quelques lumières allumées dans toute la ville. La lumière, la nuit, c'est le privilège des riches et des grands hôtels en Haïti, le privilège des seuls qui peuvent se payer les génératrices nécessaires à la produire. Cette lumière, que j'ai toujours tenue pour acquise, quelle que soit l'heure, est ici un luxe, un autre luxe inaccessible pour la majorité des Haïtiens.

Je passe mes premiers jours en sol haïtien dans la rue. Cette rue où s'expriment depuis toujours toutes les tensions du pays, toutes ses contradictions. Les manifestations se multiplient dans la capitale.

Elles commencent généralement par un rassemblement. Puis la foule s'anime peu à peu, elle sautille et commence à réciter des slogans qui, graduellement, deviennent des chants. Puis elle se met en branle, au pas de course. Puis elle s'immobilise sans avertissement, et se remet à sautiller avant de repartir à la course. Chez nous, les manifestations sont des marches solennelles, ici, ce sont des danses aux allures de *raves*. Pourtant, ce sont des manifestations qui peuvent devenir violentes. Au cours de l'une d'elles, j'ai vu des étudiants s'en prendre à un pauvre chien dont le seul tort était d'être là, tout simplement. Les étudiants ont encerclé le chien et se sont mis à l'invectiver en le pointant du doigt. « Aristide est un chien. Aristide est un chien. Chien d'Aristide ! Chien d'Aristide ! » Soudain, la foule s'arrête et se resserre autour de l'animal. « Aristide est un chien ! Aristide est un chien ! Chien ! Chien ! Chien ! Chien d'Aristide ! » Les cris deviennent un chant, une incantation. Et dans l'esprit des manifestants, le chien est Aristide. Ils commencent à battre le pauvre animal famélique. « Aristide est un chien ! Aristide est un chien ! Aristide est un chien ! » Les invectives courent dans la foule, se transforment en chant de guerre, un sort vaudou jeté sur le président. La pauvre bête, devenue exutoire de la colère de la foule, sera sacrifiée, battue à mort, sans pitié, devant moi. La scène choque l'observateur canadien que je suis. Mais elle illustre mieux que tout la rancœur qui ronge l'âme haïtienne, une colère nourrie de deux cents ans de tyrannie.

Inexorablement, le pouvoir glisse des mains du président Aristide. Les rebelles armés, auxquels se joignent maintenant d'anciens militaires, contrôlent déjà le nord du pays. À Port-au-Prince, ses opposants pacifistes se font de plus en plus bruyants et nombreux. Le Groupe des 184, dirigé par l'homme d'affaires haïtiano-américain d'origine libanaise André Apaid, qui représente à la fois le patronat et la société civile, exige le départ d'Aristide, qu'il tient pour un dictateur corrompu.

Et c'est dans la rue que s'affrontent partisans et opposants du régime. Aristide dispose d'une base toujours solide. Ses partisans sont recrutés dans les quartiers les plus pauvres et les plus populeux.

Réfugié dans le Palais présidentiel, Aristide s'accroche au pouvoir. L'ancien père salésien, que ses partisans appellent encore affectueusement « Titide », domine la scène politique du pays depuis presque vingt ans et ne veut pas céder sa place.

>>>

La carrière d'Aristide commence peu après son ordination, le 3 juillet 1982. Il se fait remarquer par le gouvernement du dictateur Duvalier pour une homélie dans laquelle il dénonçait la misère et l'exploitation dont est victime le peuple haïtien.

Aristide passe ensuite quelques années à Montréal, où il poursuit ses études bibliques, mais revient en Haïti en 1985. Rapidement, ses homélies, aux odeurs de discours politiques, captent l'attention des foules. Le prêtre parle de justice et de dignité, dénonce l'exploitation du peuple. Son discours populiste lui permet de s'imposer comme le porteur de l'espoir de la majorité. Après avoir renoncé à la prêtrise, il est élu président d'Haïti le 16 décembre 1990.

Le 30 septembre 1991, un coup d'État le force à fuir le pays. Habile diplomate, Aristide réussit à convaincre l'administration Clinton et la communauté internationale de ne reconnaître que son gouvernement en exil, assurant ainsi sa légitimité. Le 15 octobre 1994, après trois ans d'exil, Jean-Bertrand Aristide rentre triomphalement dans son pays, réinstallé au pouvoir par la plus puissante armée du monde.

De retour au pouvoir, son premier geste est lourd de sens dans ce pays. Aristide abolit l'armée et la remplace par une force de police nationale.

Aux élections de décembre 1996, conformément à la Constitution haïtienne, il ne réclame pas un second mandat. Son ancien premier ministre, René Préval, est élu. Mais dans l'ombre, Aristide tire les ficelles. Patiemment, il prépare son retour. Il fonde un parti, le parti Fanmi Lavalas, Famille Lavalas (en créole : un torrent créé par de fortes et longues averses qui emporte tout sur son passage).

Le 26 novembre 2000, il remporte l'élection présidentielle pour un deuxième mandat, non consécutif. Mais la mystique Aristide semble brisée. Son inauguration, le 7 février 2001, se fait dans une atmosphère de crise politique qui annonce de nouvelles turbulences dans ce pays exsangue.

La légitimité de son élection est contestée. Les éléments pour une nouvelle crise politique en Haïti sont malheureusement réunis une fois de plus. L'affrontement devient inévitable.

Et un an plus tard, la marmite haïtienne bout de nouveau, le pays se retrouve encore au bord de l'implosion. Haïti redevient le centre de l'attention du monde. Et les journalistes étrangers qui, comme le reste de la planète, s'étaient désintéressés d'Haïti pointent désormais leurs objectifs dans sa direction et reviennent en nombre. Je fais partie du groupe.

>>>

Dans les rues de la capitale, les manifestations se multiplient. Je tente depuis mon arrivée d'obtenir une entrevue avec Aristide. Sans succès. J'ai multiplié les démarches par les voies officielles, fait des demandes formelles. Le directeur du cabinet du président ne me rappelle pas. Aristide n'accorde aucune entrevue aux journalistes. Je me bute contre un mur.

Puisque le président refuse de nous parler, je décide de me rendre dans le Nord, où des rebelles armés se sont emparés de plusieurs villes. Je ne suis pas le seul. Comme souvent dans ce genre de situation, un petit groupe de journalistes étrangers se forme et improvise une sorte de caravane. Voyager ainsi a ses avantages, c'est souvent plus sûr, mais on devient aussi une cible plus visible. C'est le risque qu'il faut accepter.

Rebelles ou bandits? Bonne question. La révolte a été déclenchée par le meurtre, dans des conditions obscures, d'Amiot, alias Cubain, Métayer, un ancien partisan d'Aristide. Ce puissant chef d'une milice, appelée l'Armée cannibale, qui contrôlait la ville des

Gonaïves dans le centre du pays est retrouvé mort, les yeux transpercés par deux balles. Son frère, Buter, convaincu que l'assassinat de Cubain a été commandé par le Palais national, se retourne contre son maître Aristide. L'Armée cannibale chasse les responsables municipaux, incendie et pille le poste de police et s'empare du contrôle de la ville.

L'événement est lourd de symboles. C'est aux Gonaïves qu'est né le mouvement de révolte des esclaves qui allait chasser l'armée de Napoléon du pays et faire d'Haïti le premier pays des Caraïbes à déclarer son indépendance.

Deux cents ans plus tard, une nouvelle révolution, née dans la ville-symbole des Gonaïves, était en marche.

Mais loin de porter en elle tous les espoirs d'une nation naissante, la cause de l'Armée cannibale et d'Amiot Métayer illustre plutôt l'ampleur de l'échec du rêve des fondateurs du pays. Deux siècles plus tard, Haïti est toujours hanté par les mêmes vieux démons. Le pays se retrouve au même point, déchiré et pauvre, la naïveté et l'idéal politique en moins. Toussaint Louverture rêvait de créer la première nation noire souveraine et indépendante. Métayer et sa bande ne rêvent que de vengeance. Leur credo politique se résume à une chose : protéger leur empire criminel menacé par l'autorité centrale.

Rouler en Haïti est une aventure en soi qui exige patience et endurance. L'autoroute abandonnée n'est plus qu'une piste ravagée par les pluies saisonnières. Les nids-de-poule sont si gros qu'il faut les contourner avec notre jeep. Les Gonaïves se trouvent à deux cents kilomètres de Port-au-Prince, et à ce rythme, il nous faudra bien quatre heures pour y arriver.

Notre caravane traverse tant bien que mal un paysage chauve et gris.

Puis, soudain, un éclair de lumière, un éclair de couleur et de vie.

Sur le bord de la route, des paysannes s'entassent. Elles sont assises l'une près de l'autre, leurs récoltes placées soigneusement devant elles. Les tomates disposées en d'élégantes pyramides rouge vif défient la gravité, placées en rangs bien droits pour attirer le regard.

C'est jour de marché pour les paysans de la vallée de l'Artibonite, le grand fleuve d'Haïti. Sa vallée fertile est le grenier d'Haïti. Les terres qu'il irrigue et nourrit de ses alluvions produisent les plus belles récoltes du pays. Pressés le long de la route et du pont qui traverse ici le fleuve, les paysans offrent leurs produits aux passants. Le spectacle me rappelle que cette terre brûlée par le soleil des Caraïbes peut être fertile. Les tomates Roger devaient ressembler à celles-là.

Une fois le fleuve traversé, nous nous retrouvons en territoire rebelle. Le paysage redevient morne et triste, la route, de plus en plus mauvaise. À l'intérieur de nos véhicules, nous nous faisons chahuter durement. Je m'agrippe à la porte du mieux que je peux.

Des hommes armés bloquent la route. Un *check point*! Nous y sommes. Le moment est délicat, crucial. Si nous n'arrivons pas à les convaincre de nous laisser passer, il faudra rebrousser chemin. Nous n'aurons pas d'histoire, pas de reportage et la journée sera perdue.

Les hommes de l'Armée cannibale ne portent pas de vêtements militaires. De toute façon, ils ne sont pas des militaires. La caravane des envoyés spéciaux s'immobilise. Les hommes armés ne se montrent pas hostiles. Nous sommes quelques-uns à tenter de négocier notre passage. Nous cherchons à les convaincre que nous sommes ici pour entendre ce que leur chef a à dire.

« Montrez-moi vos papiers ! Pour passer, vous devez me montrer une pièce d'identité avec une photo. » Celui qui me parle porte un pantalon de toile, une chemise à manches courtes et des sandales. Il a un Beretta 9 mm à la ceinture. Probablement une imitation bon marché. Je ne veux pas lui donner mon passeport. Il pourrait me le voler aussi simplement que ça. Et que pourrais-je faire alors ? Je lui tends plutôt mon permis de conduire. L'homme le prend, examine longuement le bout de papier plastifié. Le rebelle se donne un air important. Il prend en note mon nom et la série de chiffres et de lettres alignés qui forme le code qu'on retrouve sur ce type de document. Ce code n'a de sens que pour les fonctionnaires et les policiers québécois. Mais l'homme note tout soigneusement sur une feuille.

Un document du ministère des Transports du Québec qui sert de pièce d'identification auprès d'un rebelle armé haïtien. Je me dis que le fonctionnaire québécois qui l'a émis ne se doutait pas qu'il servirait un jour à ça!

Tous les journalistes doivent comme moi montrer patte blanche. Un collègue de Montréal présente même sa carte de membre de la Fédération professionnelle des journalistes du Québec. Le douanier en sandales note tout attentivement dans son précieux registre et nous laisse finalement passer.

Arrivés aux Gonaïves, nous nous dirigeons vers Raboteau, le quartier malfamé qui constitue le fief des Métayer. La maison de Buter, le chef de l'Armée cannibale, n'est guère différente des autres, mais elle est plus grande. Elle donne sur une petite place, au centre de laquelle trône un buste en bronze de Cubain Métayer. La présence du buste de Cubain, dans un quartier où les gens ont peine à se vêtir, illustre l'opulence du clan Métayer et son influence. Raboteau est situé juste à côté du port. Ce qui permet à Métayer de garder la haute main sur ses activités et ses trafics.

Les hommes de Métayer nous font attendre devant la maison de Buter.

«Restez là, M. Métayer va vous adresser la parole. Mais vous devez attendre.» Le ton est sans appel.

Nous attendons sous un soleil implacable. Je cherche l'ombre qui se fait rare à cette heure. Je me réfugie sous l'arche d'une porte et observe la foule de curieux que notre présence attire. Des hommes pieds nus, maigres comme des chicots, le visage émacié, des enfants en culottes courtes, des femmes au regard hautain malgré leur dénuement. Tous ces gens nous observent en silence. Dans la foule, une femme sort du lot. Elle porte des vêtements chic, on dirait du Dior. Sa coiffure sophistiquée a sûrement nécessité de longues heures de travail. La belle marche, sans voir ceux qui l'entourent, et personne ne s'étonne de ses beaux vêtements. Sans doute la femme d'un caïd.

Des vendeurs itinérants se promènent dans la foule en offrant de petits sacs de plastique contenant de l'eau potable. La plupart ne sont que des adolescents. Quelques sous pour une gorgée. Pour survivre dans cette chaleur intense, il faut boire. Les gens percent un petit trou dans le sac et sucent lentement son contenu. Certains placent le sac sur leur tête ou leur nuque pour se rafraîchir.

Au bout d'une heure à cuire en silence dans la fournaise haïtienne, la porte de Métayer s'ouvre finalement. Des gardes en sortent d'abord. Ils portent des treillis militaires, marchent au pas sur deux rangs. Les gardes tiennent dans leur main droite une longue et menaçante machette qu'ils pointent vers le ciel. Métayer les suit, silencieusement, protégé du soleil par de larges verres fumés en or et un grand chapeau de cow-boy en feutre noir. L'homme est grand, costaud, ses traits durs semblent découpés à la machette. Il porte une simple chemise pâle et un pantalon kaki. Cette image du chef rebelle aux allures western et de ses gardes semblerait invraisemblable ailleurs, mais ici, c'est une démonstration d'autorité. Une manière pour ce chef de gang d'exposer aux journalistes du monde sa force et son autorité. Personnellement, j'hésite entre le rire et la peur.

Mais Métayer et ses hommes ne rient pas. Celui qui semble être le chef des gardes nous ordonne sur un ton solennel de les suivre. Il y a une sorte de flottement chez les journalistes, un moment d'hésitation. Quelle tournure va prendre la situation ? Mais nous n'avons guère le choix, de toute façon.

Métayer s'engouffre dans un petit édifice. Nous le suivons. Le chef rebelle s'assoit au fond d'une pièce trop petite pour le nombre de journalistes présents. Les journalistes se bousculent un peu, tous cherchant à s'approcher le plus possible, surtout les caméramans et photographes. Dans ma hâte de suivre Métayer, je me retrouve assis juste à côté du leader rebelle. Je suis carrément pris en sandwich entre lui et son interprète. Métayer me regarde, étonné, puis sourit de la situation. Au moins, j'ai la meilleure place pour poser mes questions, me dis-je en riant de moi-même intérieurement.

Métayer commence sa conférence de presse improvisée par un long discours théâtral en créole. Son interprète traduit ses propos en français. « Je suis le seul commandant des Gonaïves, dit-il en levant sa machette vers le ciel d'un air menaçant. Nous avons libéré notre ville du joug d'Aristide. Nous allons continuer maintenant. Nous libérerons les autres villes du pays. Nous poursuivrons notre marche victorieuse jusqu'à Port-au-Prince. »

Je promène mon micro de Métayer, sur ma droite, à son interprète, à ma gauche. En face de moi, de nombreuses caméras fixent de leurs objectifs le chef rebelle qui, tel un roi nègre protégé par les machettes de ses hommes, semble visiblement fier d'avoir enfin l'attention du monde.

« Nous ne déposerons les armes qu'après qu'Aristide aura quitté le pays et nous demandons à la communauté internationale de nous aider. »

Le ton est ferme. Les reporters continuent de prendre des notes, écoutent poliment ses propos. On dirait une scène tirée d'un mauvais film.

Puis, sans avertissement, Buter Métayer se lève. Il en a assez et quitte la pièce, suivi de sa garde rapprochée, machettes à la main.

La conférence de presse est finie. Dehors, la foule s'est dissipée, les gens ont repris leurs activités, la vie revient à la normale, en apparence. Il est l'heure de retourner à Port-au-Prince, quatre heures de route infernales nous attendent.

>>>

Même si j'ai toujours l'impression de courir, je passe en fait beaucoup de temps à ne rien faire, ou plutôt à attendre. Les journalistes apprennent tôt la patience. De gré ou de force. Vingt-quatre heures plus tard, je suis de nouveau assis sur des marches et j'attends. Je suis loin de Raboteau, cette fois. Et les marches sur lesquelles je suis installé ne sont pas de bois pourri, mais de marbre. Un marbre blanc, immaculé, un blanc présidentiel. Il y a aussi un buste devant moi. Ce n'est pas Cubain Métayer, mais celui de Toussaint Louverture, immortalisé dans le métal. Je suis dans le palais d'Aristide. Il le quitte rarement désormais.

Dans la rue, les manifestations d'opposition et d'appui à son gouvernement se font de plus en plus nombreuses, de plus en plus violentes. Elles tournent systématiquement à l'affrontement. La sécurité autour du palais est maximale. De hautes clôtures coiffées de barbelés ceinturent l'édifice rectangulaire. Des gardes armés, postés à tous les points stratégiques, font le guet. Des canons ont été placés devant la porte principale. Le Palais présidentiel est, comme la maison de Métayer, situé près du port, dans un quartier pauvre, peuplé de fidèles. Là s'arrête la ressemblance cependant.

La foule ici est fidèle à Aristide. Elle répète inlassablement le même slogan qui résonne comme un mantra : « Deux ans ! Deux ! » crié en montrant deux doigts, à la manière du signe pacifique des hippies. Deux ans, c'est ce qui reste au mandat à la présidence d'Aristide, et l'ancien prêtre s'y accroche désespérément.

J'attends parce qu'Aristide a convoqué les journalistes pour une conférence de presse. Cela se passe toujours de la même manière. Un coup de fil reçu de sa directrice des communications. « Monsieur Jean, soyez là demain à 10 heures. Le président a une déclaration importante à faire.

— Est-ce que je peux avoir une entrevue avec M. Aristide ? »

Je pose la question par réflexe.

« Non, le président n'accorde pas d'entrevue aux journalistes. Soyez là demain. Vous pourrez poser vos questions comme les autres. »

J'essaie chaque fois de la convaincre. Je lui explique que le Canada est un joueur influent en Haïti, que la diaspora, nombreuse chez nous, et la population canadienne veulent entendre le président. Qu'il est crucial pour M. Aristide de nous accorder cette entrevue. Peine perdue. J'ai beau jouer toutes les cordes de mon violon de journaliste, sortir tous les arguments de mon sac de reporter, il n'y a rien à faire. Alors j'attends. Au moins, le palais est bien aéré, ce qui rend la chaleur plus supportable.

Mon réalisateur, Bruno, qui a travaillé longtemps à Ottawa et qui a l'habitude des couloirs politiques, en profite de son côté pour tenter de convaincre le chef de cabinet d'Aristide. Il n'obtient pas plus de succès que moi.

Alors on attend. Comme d'habitude, Aristide est en retard. Nous sommes là depuis deux heures déjà.

« C'est votre premier voyage en Haïti ? »

L'homme qui me parle a un très fort accent français. Il me regarde avec un brin d'indulgence. Je commence à être exaspéré, et j'imagine que ça paraît.

« Oui, je suis ici depuis peu et c'est ma première visite.

— Ne vous en faites pas. Leur notion du temps n'est pas la même que la nôtre. Il ne faut surtout pas vous énerver. »

Mon interlocuteur, correspondant de l'AFP, sait de quoi il parle. Il vit et travaille en Haïti depuis plus de vingt ans. Il doit bien avoir soixante-cinq ans, le visage basané, de longues et profondes rides creusées par le soleil marquent son visage de marin. Sa crinière blanche est rejetée vers l'arrière. Décidément, il ressemble à un vieux loup de mer, un flibustier de l'information qui connaît le tabac.

« J'ai l'impression de revivre le même film chaque fois. Chaque fois que je crois que la situation va s'améliorer, le pays replonge. Alors, il faut être patient, mon jeune ami. Aristide ne va pas tarder, il est en train de donner une entrevue aux Américains de CBS.

— Quoi ? Bon sang, j'ai dû faire vingt-cinq demandes d'entrevue, toutes rejetées, et là, vous me dites qu'Aristide est en train d'en accorder une à une équipe américaine ? »

Je fulmine.

« Allez, calmez-vous. Avec le café et le rhum Barbancourt, attendre, c'est ce que les Haïtiens font de mieux. Faudra vous habituer. »

Il se moque amicalement de moi et il a raison.

La crise continue de s'amplifier, et à ce stade, Jean-Bertrand Aristide sent le besoin de parler aux Américains, pas au Canada.

Après des heures d'attente, le président se présente finalement à sa conférence de presse. L'homme apparaît calme et posé, malgré la pression immense qui pèse sur lui. Son discours d'aujourd'hui est le même que celui d'hier. Aristide martèle chaque fois qu'il en a l'occasion le même appel solennel.

« La communauté internationale doit soutenir mon gouvernement. J'ai été dûment élu démocratiquement. J'ai la situation bien en main, maintient-il, même si plus personne ne le croit. Deux ans ! Deux ans ! » répète-t-il. Toujours le même mantra.

>>>

Hôpital général de Port-au-Prince

« Tu es sûr que le médecin accepte de nous parler ?

— Oui, oui, Michel. Je le connais bien, me dit Marie-Ange. Il te reste seulement à convaincre le directeur de l'hôpital. » Nous roulons vers le principal hôpital public de Port-au-Prince. Et je suis plutôt fier de mon coup. Le directeur nous autorise à tourner. Il nous accompagne même et nous fait visiter les lieux. Évidemment, l'établissement manque cruellement de moyens. Déjà extrêmement difficile, la situation s'est encore aggravée depuis le début de la crise politique qui déchire le pays. Des salles vides, abandonnées, d'autres surpeuplées, le spectacle est désolant. Une odeur de mort, de pourriture infecte plane. Un médecin me montre un de ses patients. Il souffre d'une fracture ouverte.

« Il est couché là depuis des mois parce qu'on n'a pas les médicaments pour le traiter, me dit-il sur un ton rageur. Si on n'intervient pas rapidement, on va devoir lui couper la jambe », ajoute-t-il.

Les patients doivent acheter eux-mêmes les médicaments que leur prescrit le personnel de l'hôpital. Et ils sont trop pauvres. Ceux qui ont de l'argent ne se font pas soigner dans cet hôpital. Ils vont plutôt dans des établissements privés, mieux équipés. Ce sont les masses populaires de Port-au-Prince qui se retrouvent ici. Les plus démunis du pays le plus pauvre de l'hémisphère Nord. Ce n'est pas un hôpital, mais un mouroir. L'urgence déborde. Les gens attendent en silence ou en pleurant. Comme cette femme qui me montre son bébé, à demi conscient.

« Aidez-moi à sauver ma fille, monsieur. Elle ne parle plus, elle ne bouge plus, regardez. Aidez-moi ! »

Le désespoir se lit sur le visage de cette mère sans ressources. Le plancher de l'urgence est souillé de sang, les murs sont crasseux. Non, on ne vient pas ici pour guérir.

Mais plus que l'odeur de la saleté ou du sang, ce qui domine ici, c'est l'odeur de la peur. La peur des gangs criminels que plus rien ne retient et qui sévissent même dans les corridors de l'hôpital. Un signe de plus que l'anarchie se répand dans la capitale. Beaucoup de médecins refusent carrément de venir y travailler. Ils ont peur. Le docteur Jean-Baptiste, un jeune interne, est l'un des rares à se présenter chaque matin. Grand, mince, il a les cheveux coupés très court, comme beaucoup d'hommes haïtiens. Il m'explique d'une voix douce, discrète, pourquoi ses collègues ont déserté l'hôpital.

« L'autre jour, un homme blessé par balle est arrivé, dit-il. Je l'ai soigné, j'ai réussi à stabiliser son état. Ça n'a pas été facile, car ses blessures étaient profondes. Mais j'ai réussi à le sauver même si on n'a presque rien ici. Puis, un homme armé est entré dans sa chambre. Il m'a regardé directement dans les yeux, un regard impassible, froid, sans vie. Il a placé un oreiller sur la tête du blessé, a appuyé son arme dessus, et il a fait feu. Il a tiré trois fois, sans jamais détourner son regard de moi. Puis, sans dire un mot, il est sorti.

« Qui peut vivre avec ça, monsieur ? Je vous le demande, qui ? C'était un enfant », explique le médecin. Son ton calme et toujours posé contraste avec la lourdeur de l'ambiance qui règne dans cet établissement. « Comme celui qu'il a tué. »

De retour à l'hôtel, j'entreprends de visionner les images tournées à l'hôpital. La caméra déforme parfois la réalité. Il arrive qu'en se fixant sur une partie de la réalité et en ignorant le reste, elle amplifie les événements, les situations. Parfois, au contraire, on ne retrouve pas sur la vidéo l'intensité qu'on a constatée en personne. Alors, je suis toujours un peu anxieux au moment de visionner le matériel tourné. Chaque fois que je mets une cassette dans le lecteur, je ne sais trop ce qui va en sortir.

Mais cette fois, ce que je vois sur l'écran traduit exactement ce que j'ai vu. La saleté, le manque d'équipement, la peur et le sentiment d'impuissance qui ressort des témoignages. On peut presque sentir l'odeur putride qui règne dans l'hôpital laissé à l'abandon. Impossible de rester insensible devant ce spectacle glauque. Impossible d'accepter autant de détresse. Mais que puis-je faire ? La dureté des événements auxquels je fais face me rappelle chaque fois les limites de ma fonction. Mon seul pouvoir, si j'en ai un, est celui de raconter. De raconter l'histoire des gens que je rencontre. Aujourd'hui, ce n'est pas un pouvoir, c'est un devoir.

Je savais que ce reportage allait provoquer beaucoup de réactions au Québec, où la population est particulièrement sensible aux problèmes liés au système de la santé. Après l'avoir visionné, la rédactrice en chef du *Téléjournal*, émue, m'a d'ailleurs téléphoné : « Michel, ça fait longtemps qu'il n'y a pas eu une histoire aussi forte au TJ. » Mais je ne savais pas qu'il allait y avoir des répercussions jusqu'en Haïti, jusqu'au bureau du président lui-même.

Le reportage racontant l'histoire du docteur Jean-Baptiste, de ses collègues et de leurs patients a été diffusé au *Téléjournal* de 18 heures et à celui de 22 heures.

À 22 h 20, le téléphone sonne dans ma chambre d'hôtel.

Je me demande bien qui ça peut être, me dis-je en sortant de mon lit pour répondre.

Je décroche, et au bout du fil, je reconnais immédiatement la voix de mon interlocutrice. C'est celle de l'attachée de presse d'Aristide.

« Monsieur Jean, vous aviez demandé une entrevue avec le président. Il vous attend demain à 14 heures, au Palais.

— Comment ? »

Je suis pris de court, littéralement.

« Quoi ? Demain ? dis-je en bredouillant.

— Vous avez compris. Le président vous attend à 14 heures. Présentez-vous une heure plus tôt à la sécurité. » Puis elle raccroche sans plus de cérémonie.

Je raccroche en jubilant. Depuis des semaines, je talonne le bureau d'Aristide pour obtenir cette entrevue. J'ai usé de tous les arguments, j'ai flatté ceux qui pouvaient m'aider, fait le pied de grue devant des portes closes, sans le moindre succès. Et là, à 22 h 20, sans avertissement, ce téléphone. Finalement, attaqué de toutes parts et abandonné par ses alliés politiques, Aristide a encore besoin de l'appui du Canada, apparemment.

Le lendemain à midi, deux bonnes heures avant l'heure prévue pour notre entrevue, je me présente à l'entrée du Palais. Si chez nous on entre au Parlement par la porte d'en avant, par la grande porte, pour entrer au Palais présidentiel haïtien, il faut plutôt passer par l'entrée de côté, où la sécurité est à son maximum. Il y a une guérite surveillée par des gardes armés qu'il faut d'abord franchir, puis une fois que nous nous sommes identifiés avec nos passeports, nous accédons à une petite cour intérieure où nous devons garer notre jeep. Nous sommes quatre : Sylvain, le caméraman, Bruno, le réalisateur, et Marie-Ange, la journaliste haïtienne qui nous sert de *fixer*. Nous sommes conduits directement au bureau du président. L'attachée de presse nous explique que M. Aristide viendra à 14 heures, tel qu'il est prévu, et nous invite à nous installer pour l'attendre. La pièce est vaste, et un large bureau de bois verni, très « présidentiel », y trône en plein milieu. Habituellement, les journalistes évitent, lorsque c'est possible, d'interviewer leurs invités derrière un bureau. Les politiciens eux-mêmes préfèrent généralement une mise en scène plus décontractée. On placera alors les deux personnes sur des fauteuils, souvent en ajoutant une lumière tamisée, ce qui crée une ambiance plus conviviale pour l'intervieweur et son invité. D'ailleurs, une spécialité au Canada, lorsque le premier ministre accorde des entrevues de fin d'année, c'est de s'assurer qu'il y a un foyer où brûlent quelques grosses bûches. Un décor chaleureux et de saison, habituellement planifié par les spécialistes en communications du premier ministre, désireux de soigner l'image du chef d'État.

Mais l'attachée de presse d'Aristide insiste pour que le président soit assis derrière son gros bureau pour l'entretien.

« Le président tient à faire l'entrevue derrière son bureau », dit-elle sèchement, d'un ton qui met rapidement un terme à la négociation.

À 14 heures, l'heure prévue, Jean-Bertrand Aristide arrive. Petit et mince, frêle, même. L'ancien prêtre qui a troqué le col romain pour la cravate de politicien porte comme toujours un complet sombre. Sa chemise immaculée contraste avec sa peau sombre, sombre comme sa cravate. Il marche sans faire de bruit, me salue d'une voix douce, offre une poignée de main que je ne qualifierais pas de molle, mais de, disons… sans conviction. Aristide s'installe ensuite à son bureau. Le meuble paraît bien trop grand pour lui. Mais Jean-Bertrand Aristide semble au contraire tout à fait à l'aise. Il se sent chez lui.

L'homme n'a pas l'air désemparé, comme pourrait le suggérer sa situation. Tout au long de l'entrevue, il répond à toutes les questions, même les plus incisives, sur le même ton égal, monocorde, un peu ennuyeux.

Il parle des années qu'il a vécues au Canada, à Montréal, et dont il dit garder d'excellents souvenirs. Les mots tombent les uns après les autres, se succèdent au rythme de son débit lent et ampoulé.

« Mon mandat prévoit encore deux ans, il faut respecter la décision du peuple haïtien, dit-il. La communauté internationale doit soutenir le peuple d'Haïti, et je suis certain qu'elle le fera. »

Je cherche à saisir le regard de l'homme. J'essaie d'y reconnaître l'expression de celui qui, de son bureau du Palais présidentiel, commande les hordes de chimères qui terrorisent la ville. J'essaie d'imaginer que cet homme doux est bien le même qui a commandé l'assassinat de Cubain Métayer, le caïd des Gonaïves à qui ses meurtriers ont transpercé les yeux avant de le tuer. Ça me paraît difficile à accepter. Et pourtant, les faits semblent bien là.

L'homme qui me parle n'a pas le regard fuyant. Il me fixe calmement de son regard insondable. En fait, Aristide semble perdu dans son monde. Je me dis que les rumeurs voulant qu'Aristide soit un fervent pratiquant du vaudou sont peut-être vraies après tout. Qui sait? Il a peut-être reçu un sort? Mais ce n'est pas un zombie qui se tient devant moi. Derrière la voix douce, le débit lent, calculé presque, se cache un politicien habile qui sait contourner les questions difficiles.

« Les rebelles encerclent la capitale, monsieur le président, vous n'avez pas d'armée pour les stopper. Qu'allez-vous faire?

— Je fais appel à la communauté internationale, monsieur Jean. J'ai été élu démocratiquement et j'ai encore deux ans à mon mandat. » Deux ans ! Deux ans ! Le slogan que répandent ses partisans dans la rue. « Deux ans ! Deux ans ! » Encore ce mantra, un sort vaudou jeté à tous ses interlocuteurs.

« Mais les Américains ne vous appuient plus. Aux États-Unis, vous êtes accusé de trafic de drogue…

— Ces accusations sont futiles, monsieur Jean. Et j'ai beaucoup d'appuis au Canada. Vous savez, j'ai vécu à Montréal. J'ai beaucoup aimé cette ville fantastique. C'est avec plaisir que j'y retournerai, vous savez. »

Ses yeux s'illuminent, et soudain Aristide me sourit. Comme quelqu'un qui ressasse tranquillement ses vieux souvenirs de jeunesse avec un vieil ami. Ah ! le bon vieux temps ! Qui est Aristide ? L'homme mou et apparemment inoffensif qui me sourit en me parlant de Montréal ? Ou le puissant dictateur et trafiquant de drogue commandant des légions de chimères redoutées ?

« Monsieur le président, que répondez-vous à ceux qui disent que vous armez ces milices qui sèment la terreur et la violence, ceux qu'on appelle les chimères ?

— Les chimères n'existent pas. Je ne soutiens pas d'hommes armés. C'est la force de police nationale qui assure la sécurité de ce pays, monsieur Jean. »

Le ton est toujours le même, régulier, doux, mais le discours, lui, reste inflexible.

« Ce sont des accusations inacceptables, sans aucune preuve. Je vous rappelle que j'ai été élu démocratiquement.

— Justement, monsieur Aristide, plusieurs personnes, dont des observateurs internationaux, remettent en question la façon dont ces élections ont été tenues. »

C'est l'une des principales accusations de l'opposition, qui lui reproche d'avoir truqué les élections qui l'ont remis au pouvoir.

« Mais voyons, monsieur Jean, les élections ont été tenues en respect de notre Constitution. J'ai été réélu et mon mandat s'étale encore sur deux ans. »

Deux ans ! Deux ans ! Toujours le même mantra réitéré inlassablement.

Et si c'était à moi qu'il tentait de jeter un sort vaudou en répétant cette incantation ?

« La communauté internationale doit respecter le peuple haïtien et ses décisions. Je suis certain qu'elle le fera. Notre Constitution dit qu'un président peut occuper deux mandats avant de se retirer. J'ai rempli mon premier mandat, j'ai été réélu par le peuple, par mon peuple, et il reste deux ans à mon second mandat. La communauté internationale doit respecter le choix de la nation haïtienne. »

Encore deux ans. Aristide répond aux questions sans s'emporter et martèle toujours son message. Je ne sais pas si c'est un criminel ou un illuminé vaudou, mais une chose est sûre, c'est un politicien diablement habile.

Notre entretien est terminé. En me levant, je remarque sur son bureau un petit porte-cartes, comme les gens d'affaires en ont souvent. Un porte-cartes en métal doré, peut-être est-ce de l'or ?

« Je peux prendre une carte ?

— Bien sûr, allez-y. »

Son visage redevient souriant, sa voix est restée douce.

Le président se lève, me serre la main et quitte la pièce. Pendant que Bruno et Sylvain ramassent notre matériel, j'examine la carte. Il y est écrit sobrement : Jean-Bertrand Aristide, Président, République d'Haïti. Avec le numéro de téléphone et l'adresse Internet. Comme la carte d'un comptable, d'un avocat, d'un notaire ou d'un vendeur d'assurances.

Quel président a besoin d'une carte professionnelle ? À qui peut-il bien les donner ?

Un homme frêle, caché dans un costume trop grand, réfugié dans un bureau démesuré, assiégé dans un Palais présidentiel dont le blanc immaculé et étincelant contraste avec le gris du quartier pauvre et sale qui l'entoure. J'imagine que cet homme-là a besoin de se convaincre qu'il est bel et bien président.

Ce sera la dernière entrevue accordée par Jean-Bertrand Aristide à titre de président d'Haïti. Dans les jours qui suivront, les manifestations de partisans et d'opposants se multiplieront dans la ville. Des manifestations toujours plus violentes. L'opposition refuse tout compromis. Le départ immédiat d'Aristide du pouvoir est la seule option qu'elle juge acceptable. Cette intransigeance me paraît parfois difficile à comprendre, car elle pousse inexorablement le pays vers l'affrontement sans que soit envisagée une solution de compromis.

>>>

Un soir, après avoir envoyé mon reportage à Montréal,
sur la terrasse du El Rancho, je prends une Prestige.
Cette bière locale est servie dans une petite bouteille
trapue de verre marron, comme celles utilisées autrefois par les compagnies de bières québécoises. Les
envoyés spéciaux occupent tout l'hôtel et plusieurs,
comme moi, profitent de la douceur de la nuit haïtienne. Je reconnais à la table d'à côté une équipe
de France 2. Il y a des journalistes américains, des
Mexicains, des Italiens, un photographe britannique
et un caméraman serbe, entre autres. Je discute avec
Baptiste Jean, journaliste de la radio haïtienne. La
radio joue un rôle important ici. Dans un pays pauvre comme Haïti, la radio est plus accessible que la
télé. Pour les journalistes aussi. Armés d'un simple
téléphone portable, ils suivent et couvrent en direct
les manifestations comme des chasseurs sur la piste
d'antilopes. L'image n'est pas loin de la réalité, car les
manifestants haïtiens ne marchent pas comme ils le
font au Canada, ils courent et dansent.

« Baptiste, pourquoi l'opposition refuse-t-elle tout
compromis avec Aristide ?

— Que veux-tu dire, Michel ?

— Aristide a été élu pour un mandat de cinq ans.
La Constitution ne lui permet pas de demander un
troisième mandat. Bon, je comprends que son élection a peut-être été truquée, mais tu vois bien que le
pays est de nouveau au bord du gouffre. Pourquoi
ne pas couper la poire en deux ? Tu vas me dire que

nous, les Canadiens, c'est ce qu'on fait constamment, mais tout de même, pourquoi ne pas lui laisser ses deux ans, et ensuite l'opposition prendrait démocratiquement le pouvoir? La crise serait évitée.

— On ne peut pas, Michel. Aristide ne quittera pas le pouvoir. Tu ne le connais pas. On ne peut absolument pas lui faire confiance.

— Mais la communauté internationale est là. Aristide n'a pas d'armée pour s'imposer en dictateur. »

Encore cette intransigeance, ce refus du compromis.

« On ne peut pas lui faire confiance. Il a truqué les élections, il finance les chimères, il fait régner la peur, des centaines de gens disparaissent. D'autres se cachent. Ils ne rentrent pas chez eux tout simplement parce que leur vie est menacée. Ils vivent chez des amis, chez des proches. Moi-même, j'ai été trois mois sans rentrer chez moi.

— Pourquoi?

— C'était dangereux.

— Qui t'as prévenu, Baptiste?

— Je l'ai su, c'est tout. C'est comme ça, ici.

— Je veux bien, mais en refusant de négocier avec Aristide, c'est Guy Philippe et les ex-militaires que vous poussez au pouvoir. Allez-vous être mieux avec ceux-là? Tout ce qu'ils veulent, c'est de ressusciter l'armée haïtienne qui, au moment où elle a été démantelée par Aristide, grugeait la moitié du budget national. Votre seul voisin, la République dominicaine, n'est pas hostile. Aristide avait raison de dire que le seul ennemi que l'armée ait jamais combattu, c'est le peuple haïtien. Il me semble qu'encadrer Aristide, avec l'aide de la communauté internationale, et tenir des élections supervisées par la suite est une voie de compromis qui sortirait le pays de la crise. La démocratie exige des compromis, Baptiste, la démocratie est un compromis. Les Haïtiens doivent apprendre à en faire. »

Je regarde la situation avec mes yeux de Canadien, qui m'incitent à penser qu'un mauvais compromis vaut mieux qu'un affrontement armé. Mais Baptiste ne voit pas les choses ainsi. Il sent qu'Aristide vacille, et le faire tomber est tout ce qui compte.

« Pas là-dessus, Michel, c'est une question de principe. On ne peut pas négocier avec Aristide. Tout simplement. Tu ne peux pas comprendre. On ne peut se fier à lui. Si on signe un accord, la communauté internationale va nous oublier, et Aristide fera ce qu'il veut, et il y aura des morts de toute façon, et ce sera nous qui serons exécutés. »

Baptiste, un journaliste talentueux, un homme cultivé avec qui je prenais plaisir à discuter, me regarde fixement, avec soudainement cette même dureté dans le regard que j'ai si souvent vue depuis mon arrivée. Je comprends qu'effectivement aucun compromis n'est possible, qu'aucun argument ne percera le mur de l'intransigeance qui divise la société haïtienne. La crise se réglera dans la rue, dans le sang ou dans les capitales étrangères, comme si souvent dans l'histoire du pays. Puisque celui-ci est déchiré entre des factions incapables de trouver un terrain d'entente, la victoire se fera par K.-O. ou par décision des juges. Il n'y aura pas de match nul. La communauté internationale commence d'ailleurs à hausser le ton et à exiger, elle aussi, le départ d'Aristide. Bref, le sort en est jeté.

« À ta santé, Baptiste! Une dernière Prestige?

— Volontiers, Michel », me dit-il. Son sourire est alors revenu. Une brise chaude caresse doucement les collines de Pétionville.

Les manifestations continuent les jours suivants, de plus en plus violentes. Le vent de la violence souffle et tournoie de nouveau sur Port-au-Prince, courant d'un quartier à l'autre, attisant les colères et les frustrations ancestrales, dévoilant une fois de plus les divisions profondes de cette société. D'un côté, l'opposition, toujours aussi intraitable, exige le départ du président et refuse toute forme de compromis. De l'autre, les masses populaires les plus démunies de ce pays le plus pauvre d'entre les pauvres, par solidarité, s'opposent à la bourgeoisie qui dirige la révolte et serrent les rangs autour d'Aristide.

Pendant ce temps, les rebelles du Nord, sans jamais rencontrer d'opposition, poursuivent leur chevauchée à travers le pays. Partis des Gonaïves il y a quelques semaines à peine, ils se sont emparés du contrôle de la plupart des grandes villes et sont aujourd'hui aux portes de la capitale, qu'ils encerclent. Déchirée en son cœur, menacée par les hommes de Guy Philippe, Port-au-Prince, à genoux comme un condamné, la tête posée sur le billot, attend le coup de grâce. C'est dans ce contexte que Sylvain, Bruno, ma *fixer* et traductrice, Marie-Ange, et moi nous rendons visiter un petit poste de police qui a été abandonné après avoir été attaqué par les rebelles et dont une unité d'élite de la police haïtienne vient de reprendre le contrôle.

La fusillade

Sylvain ! Bang ! Bang ! Bang ! Les coups de feu résonnent et tonnent. Encore. Bang ! Bang ! Bang ! Non ! J'ai l'impression de crier, mais aucun son ne sort de ma bouche. Les coups de feu m'ont tétanisé, ils retentissent dans ma tête. Je me sens mal, très mal. Je tourne la tête sur la gauche, d'où les premières détonations semblaient provenir, sur ma gauche, où se tient Sylvain. Je suis certain que Sylvain vient d'être abattu. Tout se passe au ralenti, comme dans un film, et pourtant, cela ne dure qu'une poignée de secondes. On dirait que les coups de feu m'ont plongé dans une sorte de transe.

Sylvain n'est pas touché. Quel soulagement ! Mais l'homme masqué devant lui tire encore. Les détonations résonnent. L'homme tire juste au-dessus de sa tête. Sylvain s'est légèrement accroupi, il reste là, figé, n'ose bouger.

Je me retourne vers l'homme toujours planté devant moi. Son pistolet est toujours braqué sur mon visage. Le 9 mm, noir jais, me fixe à soixante centimètres à peine. L'arme est pointée directement sur moi. L'homme a le doigt sur la détente. Va-t-il tirer ? Mon corps se contracte. Instinctivement, tout mon corps se raidit. Je me tends, comme si mes muscles bandés pouvaient me protéger des balles. Non, non, ce n'est pas bon, ce n'est pas bon du tout. Juste au-dessus du canon menaçant, deux yeux me fixent impitoyablement. C'est le regard convulsé d'un homme visiblement sous l'emprise de la drogue. Des yeux fous, menaçants, injectés de sang, exorbités, les yeux de la colère qui souffle sur Haïti.

« Calme, calme, lui dis-je. Calme! » C'est tout ce que je trouve à dire. Ce n'est pas un ordre, c'est un appel. Mais je n'arrive pas à comprendre ce que la chimère me dit. Il crie en créole. Des mots dont je ne saisis pas le sens, débités par saccades, qui butent contre le masque qui couvre son visage.

Et puis, de nouveau, des coups de feu, en rafales, assourdissants. Mes genoux fléchissent, je mets une main par terre. Les coups retentissent encore en salves au-dessus de ma tête. Pendant une seconde, j'attends que l'éclair de la douleur me frappe, me transperce. Où suis-je touché? Je me sens perdu. Une seconde qui dure une éternité. J'attends, et rien ne se produit. Pas de douleur.

Les coups de feu continuent cependant de tonner, éclatent contre mes tympans. Je me rends compte que les hommes masqués ne tirent pas sur nous, ils tirent au-dessus de notre tête.

Je me tourne vers le chef des policiers. Il est toujours juste de l'autre côté de la rue, à quelques mètres de moi.

Je lui crie: « Hé! Faites quelque chose! Aidez-nous... » Le lieutenant Joseph me regarde en silence. Puis avec ses hommes, il recule et se réfugie dans le poste. Nous sommes laissés à nous-mêmes. Personne ne nous viendra en aide. La situation s'aggrave. Il est clair que j'ai mal évalué les choses. Toujours accroupi, je n'ose regarder les hommes masqués, de peur qu'ils prennent cela comme une provocation. Je baisse les yeux.Les chimères s'emparent de notre caméra, que Sylvain leur laisse prendre sans résister. Pendant qu'ils s'agglutinent autour de leur trophée, Sylvain et moi, après nous être regardés un instant, nous précipitons vers le poste de police.

Quelques enjambées à peine nous en séparent. Nous courons à en perdre haleine, furieusement, sans regarder derrière. Fiers de leur prise, les hommes armés semblent nous avoir oubliés. Le poste est un petit édifice de grès sans porte et qui ne compte qu'une seule pièce. À l'intérieur, un bureau avec une chaise. Une photo de Jean-Bertrand Aristide dans un complet sombre est placée juste au-dessus. On dirait que c'est le même qu'il portait lors de notre rencontre.

Heureusement, les murs du petit poste de police sont épais. Ils doivent avoir facilement un demi-mètre. Nous sommes à l'abri pour le moment. Les policiers se placent en embuscade près de la porte. Ils ouvrent le feu sur les chimères qui répliquent aussitôt. Les balles sifflent. Le dos contre le mur, je sens les impacts sur le grès. Un policier couché au sol tire plusieurs coups de feu en rafales. Un autre se découvre, tire, puis s'abrite à nouveau dans un geste vif. Une vraie scène de western. Les balles volent et rebondissent autour du petit poste. La scène me paraît irréelle.

« Sylvain, j'espère que notre gang va gagner parce que si les autres entrent ici, on est faits ! »

Même dans un moment d'aussi grande tension, je ne peux m'empêcher de tenter de dédramatiser en blaguant.

Sylvain me regarde sans la moindre expression… La fusillade continue. Soudain, Marie-Ange et Bruno font irruption dans le poste en courant. Ils étaient restés de l'autre côté de la rue quand Sylvain et moi sommes allés à la rencontre des chimères. Ils ont assisté en spectateurs impuissants à la fusillade et viennent maintenant trouver refuge dans le poste du lieutenant Joseph.

« Moi, je ne voulais pas venir ici, Michel. Nous étions plus en sécurité à l'extérieur. La foule nous aurait mieux protégés que ces policiers », dit Marie-Ange en me jetant un regard inquiet. Elle a probablement raison.

Bruno a toujours avec lui notre mini-caméra portative. « Bruno, donne-moi la mini-caméra, on va faire un *stand-up*. » C'est ainsi qu'on appelle une présentation enregistrée à la caméra. Bruno, caché derrière ses petites lunettes rondes, me regarde, incrédule, groggy. « Hein ?

— Donne, dis-je. Sylvain, on va faire un *stand-up*. »

J'ai retrouvé mon sang-froid, et malgré la situation périlleuse dans laquelle nous nous trouvons, je pense au reportage. Encore une fois, tout ce que je peux

faire, c'est témoigner, et ce qui se produit présente-
ment est important.

« Sylvain, tu me suis, je décris ce qui est en train
de se passer. Compris ? J'explique ce que ce policier-là
fait, j'explique ce qui est en train de se passer. Ça te
va ? Tu me suis ? T'es OK, *man* ? »

Sylvain me regarde. Il a l'air d'un homme sur le
pilote automatique. Mais il est parfaitement calme.
Calme, mais tendu, comme moi. Sylvain prépare la
caméra, je me place devant l'un des policiers. Mais
juste au moment où la mini-caméra se met en marche,
un policier nous rapporte la caméra que les chimères
nous ont prise.

« Voici votre caméra, monsieur. »

D'un seul coup, la tension tombe. Les coups de
feu ont cessé. Sans que je comprenne trop comment,
le lieutenant Joseph a réussi à calmer le jeu. Et l'un de
ses policiers a même réussi à récupérer notre caméra
sans que personne soit blessé.

« Vous pouvez partir, dit-il. Tout va bien. Ils sont
partis. »

Tout s'est fait si vite. Je suis abasourdi.

« Comme ça ? » ne puis-je m'empêcher de
demander.

L'officier me répond calmement.

« Tout va bien. Maintenant, vous pouvez partir en
paix. »

Encore une fois, la rapidité avec laquelle la
tournure des événements change me prend de
court. Comment Joseph a-t-il réussi à désamorcer
la crise ? Je ne le saurai jamais vraiment. De toute

façon, nous n'avons pas envie de traîner plus long-temps ici.

Dehors, une foule entoure le petit poste de police. Je salue une dernière fois le lieutenant Joseph, lui serre la main. Sans rancune ! Nous montons rapide-ment dans la jeep. Marie-Ange met le véhicule en marche et démarre prestement. Nous roulons en silence.

La jeep s'enfonce dans le dédale des rues de Port-au-Prince en soulevant derrière elle un nuage de pous-sière grise qui se perd dans l'air chaud et humide.

« En tout cas, personne n'aura une meilleure his-toire que nous au *Téléjournal* ce soir ! » Encore une fois, je blague pour tenter de dissiper les tensions. Mauvaise idée !

« Quoi ? Câlice, on vient de passer près de se faire tuer, pis toi, tu penses à ton histoire ? Es-tu fou, tabarnak ? » Bruno tonne. Le spécialiste des questions militaires à Radio-Canada, qui a réalisé de nombreux reportages sur le sujet et peut vous expliquer en détail les différences entre un chasseur F15 et un chasseur F16 ou encore entre un char américain et un char britannique, vient de connaître son baptême du feu. C'est le plus ébranlé du groupe. « Bruno, je blague, relaxe ! Juste une blague, Bruno, juste une blague. »

Plus personne ne parle jusqu'à ce que nous arri-vions à l'hôtel, et l'atmosphère dans la jeep est à cou-per au couteau.

Comment réagit-on lorsqu'on vient de frôler la mort ? Cela n'était jamais arrivé à aucun de nous. Vous avez beau avoir suivi des formations spécialisées, données par des militaires pour vous préparer à affronter des situations pareilles, il y a une marge entre les livres et la réalité, c'est le cas de le dire. Chacun encaisse le choc à sa manière. Marie-Ange conduit le corps tendu, les yeux fixés sur la route. Elle qui connaît le pays croit que ça a été une erreur que Bruno l'emmène nous rejoindre à l'intérieur du poste.

Bruno est également en état de choc. Il se trouvait de l'autre côté de la rue au moment où Sylvain et moi avons été agressés. Il était donc en position idéale pour tourner la scène avec la mini-caméra. Mais je n'ai trouvé sur la cassette qu'un plan d'un policier qui se positionne derrière une voiture avec son arme. Le reste du ruban ne montre qu'un long plan tremblant des pieds de Bruno, sur lesquels est resté fixé l'objectif pendant toute la durée de la fusillade.

Quant à Sylvain, il me semble comme toujours d'un calme olympien, en apparence du moins. Et moi? À part une légère fébrilité, je me sens bien, dans les circonstances. On m'a souvent demandé si j'ai eu peur et j'ai toujours répondu que non. Et c'est vrai, d'une certaine façon. Tout s'est passé si vite que j'ai été constamment en mode réaction. Comme lors d'un accident d'auto. On n'a pas le temps d'avoir peur, on réagit, le volant à gauche, à droite, il faut freiner. On ne pense pas à la blessure, à la mort, soudain toute proche, on réagit. Et l'instant d'après, tout est fini. Alors qu'on commence à avoir le temps de penser, le danger est écarté. Je n'ai pas eu peur, mais quand il m'arrive de me replonger dans ces souvenirs, j'ai parfois le vertige. Il y a bien une trace, une cicatrice.

Une fois arrivés à l'hôtel, nous constatons que la caméra de Sylvain a continué de tourner pendant la fusillade. Nos agresseurs ne l'ont pas éteinte. Ils ont cependant tenté de sortir la cassette. Et ne sachant pas comment y arriver, ils ont forcé le mécanisme et l'ont abîmé. Mais la caméra a tout de même continué de tourner. L'image floue et qui bouge sans cesse est inutilisable, mais la bande sonore nous offre un compte rendu audio des événements. On entend les hurlements de nos agresseurs par-dessus les coups de feu.

« On n'a peur de personne ! On n'a peur de personne ! »

Des cris lancés comme une menace, un défi, et dont la froideur me glace le sang.

Pendant que Sylvain et Bruno visionnent le matériel, j'appelle Montréal. Dans ce genre de mission, on nous assigne habituellement au siège social une personne qui devient notre interlocuteur et qui filtre les appels et les demandes de la salle de nouvelles. Il s'agit généralement de l'affectateur, un journaliste responsable du choix quotidien des sujets traités par la chaîne, ou d'un cadre lorsqu'il s'agit d'une crise majeure. Pour ma mission en Haïti, mon contact est Claude Gervais, responsable des émissions spéciales à RDI, un vieux routier que je connais bien et avec qui j'ai longtemps travaillé pendant mes années à la chaîne d'information spécialisée. C'est un homme d'expérience, sensible, au jugement sûr.

« Claude, c'est Michel. Tu ne devineras pas ce qui vient de nous arriver. »

Il comprend à mon ton que je parle sérieusement.

« Quoi ? dit-il en baissant la voix, comme quelqu'un qui appréhende un coup.

— On vient de passer à un cheveu de se faire tuer, Claude. »

Aussitôt que Gervais comprend le sérieux de l'affaire, il m'interrompt.

« Attends, Michel, je vais mettre le pupitre en ligne avec nous. »

Le chef de pupitre a la responsabilité éditoriale des bulletins de nouvelles.

Je commence à leur expliquer en détail ce qui vient de se produire et en tentant de paraître le plus calme possible. Les faits sont suffisamment forts, nul besoin de dramatiser, me dis-je. Et au-delà de son côté spectaculaire, notre mésaventure a le mérite d'illustrer le climat d'extrême tension qui règne dans la capitale. En plus, l'insolence de nos agresseurs montre que les partisans d'Aristide n'ont peur de rien et sont prêts à tout. Que va-t-il se passer quand Guy Philippe et ses hommes vont tenter d'entrer dans Port-au-Prince ?

Une fois mon récit terminé, le chef de pupitre me dit : « Michel, bouge pas, je te transfère en régie. »

Gervais ajoute : « Tu vas nous raconter ça en direct au téléphone. Prends ton temps. »

Je n'avais pas pensé aller en ondes si rapidement. J'avais besoin de parler de mon histoire à quelqu'un de chez moi. Pas pour m'épancher. Je me sentais bien, j'avais simplement besoin de raconter ce qui venait de nous arriver. J'étais trop fébrile pour le garder pour moi.

Mais ce n'était déjà plus notre histoire, c'était une nouvelle, et la manchette du bulletin d'actualité.

Trente secondes plus tard, je me retrouve en ondes. Le présentateur pose des questions et je relate ce qui s'est passé. J'agis par réflexe. Pour moi, c'est normal. Je l'ai fait si souvent. Un événement spécial survient, et on se retrouve en ondes à le décrire. C'est mon métier.

Le direct dure une bonne quinzaine de minutes, une éternité en télévision.

Une fois l'entretien terminé, je raccroche. Et je prends soudain conscience que je n'ai prévenu personne de ma famille. Même pas ma conjointe. Oh, oh ! Je dois appeler Monia.

Je reprends l'appareil, compose le numéro de son portable.

J'aurais dû l'appeler en premier, me dis-je en espérant qu'elle réponde.

Monia est journaliste, comme moi, et travaille pour TVA, la chaîne concurrente. Monia, qui a reconnu mon numéro sur l'afficheur de son portable, répond rapidement.

« Monia, c'est moi.

— Je sais. »

Elle ne me laisse pas le temps de continuer. « Je suis au courant. Je viens de te voir à RDI.

— Excuse-moi de ne pas t'avoir prévenue d'abord, ça s'est passé si vite.

— Ce n'est pas un problème, Michel. Écoute, je vais me charger de prévenir ta mère. »

C'est vrai, ma mère, je n'avais pas encore pensé à elle. Déjà qu'elle est folle d'inquiétude de me savoir en Haïti.

« Michel, je l'appelle immédiatement. Il ne faut pas qu'elle l'apprenne à la télé. »

Monia a raison. C'est ma faute. J'aurais dû prévenir mes proches d'abord. Une histoire comme celle que nous venons de vivre devient une nouvelle.

« Écoute, Michel, quand tu es entré en ondes, les gens dans la salle sont venus me chercher pour que je regarde. Le titre du bandeau en bas d'écran disait : "Une équipe de Radio-Canada échappe à la mort." J'espère que ta mère n'a pas vu ça. »

Étrangement, c'est en entendant cela que j'ai, d'une certaine manière, pris conscience de la gravité de ce qui venait de se produire. Nous venions d'échapper à la mort ! Depuis le moment où on avait pointé un pistolet sur moi, j'avais été en mode action. Ou plutôt, réaction. J'ai réagi aux événements. Je me suis réfugié dans le poste, suis retourné à l'hôtel, ai appelé la salle des nouvelles, ai fait un reportage en direct. Quand on est au bord d'un gouffre et qu'on a les yeux fermés, on ne sait pas qu'un faux mouvement suffit à nous préci-piter dans le vide. Maintenant, c'était comme si j'ouvrais les yeux et voyais l'abîme qui me contemplait.

Une demi-heure plus tard, je joins ma mère au téléphone. Monia a eu le temps de préparer le terrain.

J'ai l'habitude de lui dire de ne pas s'inquiéter, qu'il n'y a pas de danger, que je suis prudent. Mais cette fois, que dire? Maman ne me laisse pas le temps d'y réfléchir de toute façon.

« Ne me dis pas qu'il n'y a pas de danger! T'as failli te faire tuer! »

Elle crie au téléphone. C'est la rage d'une mère qui a cru perdre son fils.

Je tente de la rassurer du mieux que je peux. Il me faut de longues minutes pour y parvenir.

De retour à la chambre où nous avons installé notre salle de montage, je trouve Bruno et Sylvain, dépités, qui regardent la caméra. Elle est inutilisable.

« J'ai réussi à sortir la cassette, mais le *kodak* est brisé », dit Sylvain. Pour enregistrer la conclusion du reportage à la caméra ce soir-là, j'ai dû emprunter celle de Paul Larocque, de TVA. Beau joueur, Paul a accepté sans hésitation, faisant preuve d'un *fair-play* qui l'honore.

La nouvelle de la fusillade s'est répandue comme une traînée de poudre dans le petit cercle des correspondants. Plusieurs viennent me voir, m'interrogent sur les circonstances de notre mésaventure. Ce qui nous est arrivé concerne tous les reporters. C'est le signe que, désormais, personne n'est à l'abri d'une agression. Le conflit vient d'entrer dans une nouvelle phase pour nous, et le niveau de danger vient de grimper d'un cran.

D'ailleurs, dans les jours qui suivront, plusieurs correspondants seront la cible d'attaques armées.

Mon équipe et moi avons été les premiers, mais pas les derniers. Au moins maintenant, tout le monde est averti, et sur ses gardes.

>>>

Le lendemain, le gouvernement canadien se décide à rapatrier ses ressortissants. Tous ceux qui le veulent seront évacués par avion. Le gouvernement canadien les incite d'ailleurs à le faire. L'ambassadeur a décidé de rester, mais sa famille montera à bord de l'avion.

Partir ou rester est une question personnelle que chacun prend individuellement. Bruno et Sylvain choisissent de partir. Le premier est sous le choc depuis la fusillade et il a hâte de quitter le pays. Quant à Sylvain, c'est comme s'il avait réagi à retardement. Sur le coup, il a gardé son calme et son sang-froid. Aujourd'hui, pourtant, il est nerveux et fébrile, lui qui semble habituellement imperturbable. Son expérience et son bon jugement vont me manquer, mais je décide de rester. Même si la situation se corse et devient de plus en plus périlleuse, je tiens à continuer. Je comprends la décision de mes camarades et je l'accepte. Mais je ne veux pas rater la fin de l'histoire.

Le départ de Sylvain signifie toutefois que je n'ai plus de caméraman, donc impossible de tourner quoi que ce soit. Heureusement, Marie-Ange possède une caméra. Mais sans équipement de montage, je ne pourrai assembler mes reportages.

Il faudra désormais tourner et envoyer le matériel à Montréal, où il sera monté. C'est compliqué, mais jouable.

En attendant, les manifestations se multiplient dans la ville. Il est désormais impossible de sortir après le coucher du soleil. Des bandes d'hommes armés bloquent les rues, érigent des barricades de pneus enflammés. L'une d'elles a été érigée juste devant l'entrée de notre hôtel.

Des coups de feu résonnent dans la nuit jusqu'au matin. Des gardes armés ont été déployés à l'entrée de l'hôtel. Les événements se précipitent, le dénouement de la crise approche.

Un soir, alors que je suis réfugié dans ma chambre et que, par mesure de sécurité, je me tiens loin des fenêtres, Marie-Ange me téléphone.

« Michel, Aristide s'apprête à partir. Il quitte son poste, c'est fini. »

J'ai peine à croire qu'il quitte le pouvoir sans avertissement. Pourquoi à ce moment-ci ?

« Tu es sûre, Marie-Ange ? Où as-tu pris cette information ?

— Je le sais, c'est tout. »

J'ai appris que tenter de lui tirer les vers du nez quand elle ne veut pas révéler une chose est peine perdue. Tout de même, j'ai besoin d'en savoir plus, mais je me demande comment je pourrai sortir en pleine nuit…

« Que veux-tu qu'on fasse, Marie-Ange ? Il y a des hommes armés qui tirent partout. On va se faire descendre.

— C'est comme tu veux, Michel. Je te dis simplement qu'Aristide se prépare à partir. Qu'on a entendu des hélicoptères autour du Palais présidentiel. Tu veux y aller ? »

Que faire ? Je suis déchiré entre, d'un côté, l'envie de tenter le coup et, de l'autre, la sagesse, voire la prudence, qui me dicte plutôt de rester à l'abri de mon hôtel.

Si je veux y aller ? Bonne question ! Oui, je le veux, mais ça me semble terriblement dangereux.

Je jette un coup d'œil à ma montre. Il est minuit passé. C'est tard pour appeler l'ambassadeur canadien. Tant pis !

« Bouge pas, Marie, je te rappelle dans deux minutes. »

Je raccroche et compose le numéro du portable personnel de l'ambassadeur, qui répond rapidement d'une voix claire.

« Oui ? »

Au moins, je ne le réveille pas.

« Désolé de vous appeler si tard, monsieur l'ambassadeur, mais c'est important. J'ai une information privilégiée à l'effet que le président Aristide est sur le point de quitter le pays. Pouvez-vous me le confirmer ?

— Je ne suis pas au courant », répond-il. Son ton est officiel, pas d'hésitation.

« Vous êtes sûr, monsieur Cook ? Mon informateur est sérieux. On me dit que des gens ont entendu des hélicoptères autour du Palais présidentiel. On aimerait mieux l'apprendre de vous que de la presse américaine ou française, vous savez. »

Je n'arrive hélas! pas à lui soutirer une confirmation ni une réponse favorable.

« Je n'ai aucune information de ce genre, monsieur Jean, désolé de ne pouvoir vous aider.

— Merci, monsieur l'ambassadeur. Mes excuses encore une fois de vous avoir dérangé si tard. Bonsoir.

— Ce n'est pas un problème, monsieur Jean. Bonne chance. »

Je ne suis pas plus avancé. Pour en avoir le cœur net, il va falloir sortir, et ça, c'est vraiment risqué.

Il faut prendre une décision. Si je sors, je ne peux le faire seul. Je me décide à consulter mes collègues de la radio, Manon Globensky et Bill. Bill est un vieux loup qui a une vaste expérience de ce genre de situation. Il sera de bon conseil. Manon est aussi une journaliste chevronnée, au jugement sûr. Après les avoir réveillés, je leur donne rendez-vous dans le lobby. Deux minutes plus tard, nous sommes assis à une table, un véritable conseil de guerre s'amorce.

Manon est d'avis qu'il faut foncer.

« On y va les gars, on ne veut pas manquer ça. »

Je suis toujours indécis. Bill, qui écoute en silence pendant que Manon et moi débattons de la question, tranche.

« OK, on y va, MAIS on fait demi-tour aussitôt qu'on voit un homme armé. Si c'est au bout de l'entrée de l'hôtel, on tourne de bord immédiatement et on revient sur nos pas, point final, pas de négociation. Compris ? »

Ça me paraît plein de sagesse.

« D'accord, Bill », dis-je.

Mais il faut qu'un de nous trois reste à l'hôtel, car il est plus prudent de pouvoir compter sur un contact fiable, en cas de pépin.

« Manon, tu restes ici et tu nous sers de contact. »

Mon amie Manon n'est évidemment pas d'accord.

« Non, non, non, j'y vais avec vous », dit-elle en s'emportant.

Je comprends, mais j'insiste.

« Non, Manon, tu sais que j'ai raison, qu'il faut qu'un de nous reste à l'hôtel. Et sincèrement, je crois que c'est moins dangereux pour deux hommes. Ni Bill ni moi ne doutons de ton courage. Mais je crois que c'est ce qu'il y a de mieux à faire dans les circonstances. »

Bill abonde dans le même sens. Manon cède finalement.

« OK, dit-elle sur un ton qui ne cache pas son mécontentement, mais on reste en contact !

— *Perfect !* » conclut Bill avec un gros rire gras.

Je téléphone aussitôt à Marie-Ange.

« Désolé, Marie, d'avoir tardé à te rappeler. C'est OK, on tente le coup. Je passe te prendre. »

Marie-Ange habite à deux minutes de l'hôtel. Bill et moi enfilons notre gilet pare-balles et notre casque de sécurité, et sautons dans la jeep. Je mets le moteur en marche et jette un dernier coup d'œil autour pour m'assurer que tout va bien. C'est parti.

Le El Rancho est situé en retrait, au bout d'un chemin étroit qui, après environ cinq cents mètres, débouche sur l'allée centrale de Pétionville. C'est là que nous risquons de rencontrer la première barricade. Je roule lentement, surveille le moindre mouvement suspect. Je suis convaincu, dans mon for intérieur, que nous n'irons pas très loin, que nous serons forcés de faire demi-tour dans un instant. Arrivés à un dernier virage sur la droite, Bill et moi nous étirons le cou pour mieux voir au détour. J'aperçois des flammes, des pneus qui brûlent sauvagement et se mirent sur l'asphalte lisse. Mes mains se crispent sur le volant, j'appréhende le danger. Mais je ne vois personne.

La barrière de feu bloque presque toute la rue. Une épaisse fumée noire s'en dégage, mais il n'y a personne. La rue est complètement vide. Je regarde Bill, aussi surpris que moi. Il y a un moment de flottement, et puis, bon, OK, on continue.

Je m'engage dans l'allée. Elle est tout aussi déserte. Il n'y a pas âme qui vive. Déserte et silencieuse. À droite et à gauche, d'autres barricades achèvent de se consumer dans l'indifférence de la nuit haïtienne. J'accélère et fonce à toute allure sans croiser qui que ce soit. Deux minutes plus tard, nous sommes devant la résidence de Marie-Ange qui nous attend sagement.

« Prends ce gilet pare-balles, Marie. »

Elle proteste. « Non, je n'en ai pas besoin, Michel. Je n'en veux pas, pas question.

— C'est non négociable, Marie-Ange. On ne part pas d'ici sans que tu aies mis le gilet et le casque.

On ne rit pas. C'est dangereux et je ne veux pas qu'il t'arrive quoi que ce soit. Tu mets le gilet ou on reste ici ! »

Elle finit par enfiler les vêtements de protection, trop grands pour elle, en grognant son mécontentement.

Le bruit du moteur gronde dans la ville endormie, ou abandonnée, qui sait. Le spectacle est irréel. Privée d'électricité, Port-au-Prince plonge dans l'obscurité quasi totale la nuit tombée. Mais ce soir, la capitale est éclairée par des dizaines de barricades de pneus en flammes. Il y en a pratiquement à chaque coin de rue. Où ont-ils trouvé autant de pneus ? Certaines achèvent de se consumer, ce qui laisse croire qu'elles ont été abandonnées depuis un certain temps, d'autres l'ont été depuis peu. La jeep dévale les collines de Pétionville et plonge vers l'océan, près duquel se trouve l'aéroport Toussaint-Louverture, sans jamais rencontrer qui que ce soit. Ce n'est pas normal, me dis-je. Il se passe quelque chose, c'est sûr. Mais quoi ?

Arrivé à l'aéroport, je constate que nous ne sommes pas les seuls. Il y a sept autres journalistes attirés comme nous par la perspective d'un *scoop* fumant. L'aéroport est protégé par des gardes armés, mais on n'y voit nulle part la trace d'un avion ou du président Aristide. Je grimpe sur le toit d'un édifice pour avoir un meilleur point de vue sur la piste. Rien. Il y a des avions, mais pas une seule âme qui bouge.

« Qu'est-ce qu'on fait, Bill ?

— On attend, Michel.

— Il va partir, il va partir, c'est sûr, dit Marie-Ange.

— OK, on attend. »

Mais deux heures plus tard, toujours pas de trace d'Aristide. Il faut bien se rendre à l'évidence, me dis-je, il s'agit d'une fausse alerte.

« Allez, on rentre. On aura au moins essayé. » Nous remontons vers l'hôtel. Port-au-Prince dort, les barrières de pneus sont consumées, la ville est de nouveau plongée dans le noir total.

Environ deux heures plus tard, la sonnerie du téléphone me réveille en sursaut dans ma chambre. Je cherche à tâtons le combiné dans le noir.

« Allo ?

— Il est parti.

— Quoi ? » Je reconnais la voix de Marie-Ange.

« Aristide est parti, Michel. Les Américains l'ont emmené. C'est fini.

— Viens me rejoindre à l'hôtel, Marie, tout de suite. »

Je regarde ma montre, il est 6 h 20. J'ouvre mon ordinateur, rien sur les sites des agences.

Je compose le numéro de l'ambassadeur Cook.

« Allo ? »

L'homme ne dormait pas. « Monsieur l'ambassadeur, je suis vraiment désolé de vous déranger une deuxième fois en si peu de temps. Je sais qu'il est 6 heures du matin et qu'on est dimanche, mais c'est important.

— Ça va, monsieur Jean, je vous écoute.

— Une source sûre me dit que le président Aristide et sa femme ont quitté le pays. Pouvez-vous me confirmer l'information ?

— Oui, je le peux.

— Hein ?

— Oui, je vous le confirme. Il a quitté le pays il y a environ vingt minutes.

— Monsieur Cook, je veux être certain de bien comprendre. Est-ce que je peux dire que l'ambassade canadienne confirme que le président Aristide a quitté Haïti à bord d'un avion, vers 6 heures ce matin ?

— Vous le pouvez, oui.

— Merci, monsieur l'ambassadeur. »

Je raccroche. Ça y est, c'est vrai, cette fois. C'est fini. Et c'est un gros *scoop*. Je saute sur le téléphone, j'appelle la salle des nouvelles de RDI à Montréal. « Passez-moi le chef de pupitre, et que ça saute ! »

Le chef de pupitre occupe un poste névralgique qui demande un jugement sûr, c'est pourquoi on confie habituellement cette tâche à des journalistes d'expérience. Mais sur une chaîne continue, le matin, la fin de semaine, ce n'est pas toujours le cas.

« Oui ? » La voix est jeune. Je ne la reconnais pas.

« C'est Michel Jean, à Port-au-Prince. Écoute, j'ai un gros, un très gros *scoop*. Aristide est parti. L'information m'est confirmée par l'ambassade canadienne. Mets-moi en ondes, vite !

— Je te mets en attente. »

Les minutes passent et j'attends. Je m'impatiente. Je peste. Qu'est-ce qu'ils font, qu'est-ce qu'ils attendent? Sur la ligne, j'entends l'émission en ondes. L'animateur badine et multiplie les blagues douteuses. Rien pour me calmer. Je commence d'ailleurs vraiment à m'énerver. J'ai traversé la ville la nuit, bravé les dangers, j'ai un *scoop* majeur et je reste là à poireauter en écoutant des insignifiances, me dis-je. Je me lève, tourne en rond comme un lion en cage, j'explose de colère, mais rien à faire.

J'ai passé vingt interminables minutes à attendre, avant que finalement l'animateur interrompe ses blagues et prenne soudainement un ton sérieux. « Une nouvelle importante, annonce-t-il. Selon l'Agence France Presse, le président Aristide a quitté Haïti. Notre envoyé spécial Michel Jean est sur place. Michel, l'ambassade confirme la nouvelle? »

C'est le comble! Ils ont tellement attendu que la nouvelle est sortie sur les fils de presse. Plus tard, j'apprendrai que le chef de pupitre a en fait attendu de joindre son patron à la maison avant de me mettre en ondes. Quand on se démène sur le terrain, il peut être frustrant de tomber sur les fonctionnaires de l'information, confortablement installés dans leur douillet studio. Mais c'est ainsi.

Au moins, me dis-je intérieurement, on est les premiers à sortir la nouvelle confirmée par une source officielle. Il est 6 heures. Je pense à mon ami Paul Larocque, envoyé spécial de TVA, le réseau concurrent, qui loge au même hôtel et qui est sur le point de se faire réveiller par un coup de téléphone de Montréal... Ça risque de me coûter quelques Prestige pour me faire pardonner.

Deux heures plus tard, assis à la table du restaurant de l'hôtel, je discute avec Marie-Ange et Sylvain. Celui-ci se prépare à quitter le pays. L'avion nolisé par le Canada pour évacuer ses ressortissants décolle vers midi. Sylvain a le regard nerveux. Il a hâte de partir. Il en a assez vu.

Soudain, un groupe d'hommes en treillis militaires fait irruption dans l'hôtel. Ils sont une vingtaine. Buter Métayer est resté aux Gonaïves, mais je reconnais immédiatement Guy Philippe. Les rebelles sont entrés dans Port-au-Prince, désertée par Aristide. Après avoir entendu la rumeur de leur arrivée se répandre pendant des semaines, je les ai finalement devant moi. C'est un groupe d'hommes pour le moins hétéroclite. Ils ne portent pas tous le même uniforme. Mais chacun d'eux est armé. Philippe marche rapidement, entouré de sa garde rapprochée. Il évite les questions des journalistes. Pourtant, il n'y a que ça dans cet hôtel ! Il n'y aurait pas de meilleur moyen de signifier au monde que lui et ses hommes sont entrés dans la capitale.

Je sors pour voir ce qui se passe à l'extérieur. Dehors, d'autres rebelles font le guet devant le hall d'entrée. Ils ne paraissent guère menaçants. Ils attendent patiemment le chef.

« Hé, Michel ! Ça va ? »

Je me retourne. Celui qui m'interpelle me regarde avec un large sourire. Il porte comme ses compagnons d'armes une tenue militaire et une mitraillette en bandoulière. Je le regarde, interloqué.

« Oui, dis-je. On se connaît ?

— Je suis de Montréal !

— Ah oui ? Qu'est-ce que vous faites ici, avec les rebelles ?

— Je suis ici, c'est tout, répond-il, un peu mal à l'aise, mais sans jamais cesser complètement de sourire.

— Et qu'est-ce que vous faites à Montréal ?

— Je suis chauffeur de taxi, je fais ça depuis vingt ans. »

Un large sourire traverse de nouveau son visage. L'homme d'une quarantaine d'années refuse de me dire comment un chauffeur de taxi a pu se retrouver au sein des troupes armées de Guy Philippe, à participer à sa cavale à travers le pays, aux côtés de quelques criminels notoires, d'anciens militaires et d'aventuriers. Mon « ami » ne semble pas un joueur important. On l'a laissé dehors, où il fait le guet en attendant le chef.

« Je dois te laisser. Salut ! on se verra au Québec », dit-il, sans jamais abandonner son large sourire.

Philippe et ses hommes viennent de sortir de l'hôtel en coup de vent. Ils s'engouffrent dans leurs jeeps et décollent en faisant crisser les pneus.

En rentrant dans l'hôtel, je tombe sur Evans Paul, l'ancien maire de Port-au-Prince, un homme politique influent. Quel coup de chance, me dis-je intérieurement.

« Bonjour, monsieur Paul, on peut faire une entrevue pour commenter la situation ?

— Volontiers, monsieur Jean. »

Je cours chercher Sylvain. On enregistre l'entrevue. Ça fera quelque chose d'exclusif et de frais pour Montréal en attendant le reportage de ce soir. Je prends également en note le numéro du portable personnel d'Evans Paul. Ça pourra sûrement servir.

De retour au restaurant, je trouve Marie-Ange qui m'attend.

« Michel, ça va sauter. Les émeutes font rage au centre-ville et s'étendent rapidement à l'ensemble de la ville. Les partisans d'Aristide sont furieux, ils cassent tout. Ça ne s'annonce pas bien... »

Paul Larocque vient nous rejoindre. Après avoir hésité, son caméraman et lui ont décidé de rester aussi. « Il faut prévoir un plan au cas où l'hôtel serait attaqué », dit-il. Il a raison. Ma chambre est située à l'extrémité d'une aile de l'hôtel qui donne sur un ravin. Marie-Ange habite juste de l'autre côté. Nous décidons d'en faire notre sortie d'urgence. Je fais faire des doubles de la carte d'accès de ma chambre pour Paul et son caméraman, en plus d'en donner une à Manon Globensky. Le plan, c'est de sortir par le balcon et de fuir par le ravin jusque chez Marie-Ange. Nous espérons ne pas avoir besoin d'en arriver là.

Après avoir fait mes adieux à Sylvain et à Bruno, je sors avec Marie-Ange. Impossible de descendre au centre-ville. L'équipe de la CBC a tenté de le faire et s'est retrouvée au centre d'une violente fusillade. Alors que les journalistes s'étaient réfugiés derrière une voiture, les balles sifflaient au-dessus de leur tête. La situation était si extrême qu'ils n'ont même pas été en mesure de tourner la moindre image qui vaille. L'équipe en a été quitte pour une bonne frousse.

Marie-Ange et moi roulons dans les rues de Pétionville. Je veux me rendre à la résidence du premier ministre. « Trop dangereux, juge Marie-Ange. Ça ne donne rien de descendre aussi bas, on va se faire attaquer, c'est certain. »

Je décide donc de me rendre plutôt chez Evans Paul.

Je compose le numéro qu'il m'a donné.

« Allo ?

— Rebonjour, monsieur Paul. Michel Jean, de Radio-Canada. Vous allez bien ?

— Oui, très bien. »

Sa voix est calme, mais je sens de l'agitation autour de lui.

« Monsieur Paul, est-ce qu'on peut vous suivre aujourd'hui ?

— Bien sûr, venez. »

Je me mets à regretter de ne pas avoir quitté le pays avec les autres ressortissants canadiens. Je suis maintenant sans protection, seul avec Marie-Ange. La ville est aux mains des émeutiers. Si des hommes armés attaquent l'hôtel, je ne sais pas ce qui va se passer. L'idée me donne le vertige. Tu voulais couvrir une crise, me dis-je. Ben là, mon vieux, tu es dedans jusqu'aux oreilles. Au loin, des coups de feu résonnent. Marie-Ange, qui conduit, me jette un coup d'œil nerveux.

Dix minutes plus tard, nous arrivons à la résidence d'Evans Paul, qui nous accueille poliment.

« Comment ça se passe ? lui dis-je.

— On essaie de calmer les choses, vous savez. On fait ce qu'on peut », répond-il en se dirigeant rapidement vers son bureau, transformé en quartier général.

Paul multiplie les coups de fil. Il y a un va-et-vient constant dans la maison. Des petits conciliabules se forment. Le ton ne monte jamais. Mais dans la tourmente, au moment où le pays risque de basculer dans la violence et le désordre, une forme d'organisation politique se met en branle. Un réseau de contacts s'active, joue de son influence pour reprendre le contrôle de la ville. Ainsi va Haïti, alors qu'on pense le pays complètement désorganisé et sur le point de céder à l'anarchie la plus totale, des forces obscures calment le jeu, comme si ce pays avait ses propres mécanismes de contrôle et de gouvernance.

En quelques heures, sans intervention armée et malgré l'absence de gouvernement, les émeutes cessent graduellement, la crise se résorbe.

Les capitales étrangères envoient des hommes armés, encore une fois. Un nouveau gouvernement de transition sera nommé par les Nations unies. La blessure ouverte se referme, se cicatrise, mais le mal profond qui ronge Haïti reste là, en dessous, toujours aussi virulent. Aristide parti, la rue se calme, ses partisans rentrent dans leurs bidonvilles, Guy Philippe et ses hommes restent sur les lignes de côté et attendent. L'opposition a obtenu ce qu'elle voulait, mais elle reste divisée. Aristide est parti, mais rien n'est réglé, une occasion a été manquée, encore une.

C'est aux experts, aux politicologues, aux sociologues et aux économistes d'analyser ce qui va maintenant se passer, et de supputer l'avenir du pays.

Moi, ma mission est terminée. Je rentre à Montréal.

CHAPITRE 5

Un vol raté

Québec, le 11 septembre 2001

Je devais voler ce jour-là. Je m'étais fait remplacer à l'animation de *Québec en direct*, l'émission d'affaires publiques quotidienne que j'animais depuis six ans, pour aller tourner un reportage spécial sur les plantations de marijuana en Montérégie. L'hélicoptère m'attendait à midi à l'aéroport de Saint-Hubert, près de Montréal. Et comme j'avais un peu de temps avant de prendre la route, j'étais assis à la grande table ovale qui servait de bureau de travail à l'équipe de RDI à Québec, d'où était diffusée l'émission. Même quand je n'anime pas, j'aime avoir mon mot à dire sur le contenu de l'émission.

En regardant d'un œil distrait la télévision, j'écoutais les recherchistes énumérer les sujets potentiels du jour. Comme dans toutes les salles de nouvelles du monde, la nôtre compte quelques téléviseurs allumés vingt-quatre heures sur vingt-quatre. Les gens sont souvent surpris de voir les journalistes écrire, discuter et lire en gardant toujours un œil sur la télé. Question d'habitude, ça devient un réflexe, une seconde nature. Les postes de télévision, branchés sur les chaînes d'information continue, ont remplacé les agences de presse d'antan. Quand une nouvelle d'importance survient dans le monde, la télé est habituellement la première à la relayer, d'où sa place essentielle dans une salle de nouvelles.

« Linda, c'est quoi ça, sur CNN ? » Je pointe du doigt l'écran où l'on voit un édifice d'où sort de la fumée. Il s'agit de l'une des deux tours du World Trade Center à New York.

Linda, chef recherchiste de l'émission, s'étire le cou. La grande rouquine fronce les sourcils, comme pour ajuster ses yeux sur l'image.

« On dirait qu'un avion vient de frapper la tour », dit-elle, incrédule.

L'élan de la discussion, animée jusque-là, est interrompu subitement. En un instant, tous les regards se tournent vers la télé qui diffuse l'image de la tour en plan fixe. La caméra montre un trou dans l'édifice. Une épaisse fumée en sort comme d'une cheminée.

« Linda, on dirait un petit avion, ça doit être un Cessna. »

Je fouille l'écran des yeux, cherchant le détail qui m'éclairera. En fait, j'ai peine à prendre conscience de la gravité de la situation. Je suis à des lieux de soupçonner l'ampleur du drame humain et politique qui est en train de se jouer en direct devant nous. Ma raison forme une sorte de barrière qui m'empêche de croire que ce qui me paraît impossible peut réellement arriver.

« Ça brûle en titi en tout cas ! » lance Louiselle. Louiselle, une Tremblay du Lac-Saint-Jean qui n'a pas la langue dans sa poche, recherchiste également, est pour une rare fois sans voix devant l'image.

« Ouais, dit-elle avec son gros accent sympathique. C'est juste un petit avion. »

La réunion reprend. Montréal va s'occuper de ça. D'ailleurs, le réseau diffuse déjà lui aussi les images reprises de CNN. Je regarde autour de moi. En comptant les écrans qui servent de décor, il doit bien y avoir une vingtaine de téléviseurs ouverts autour de moi, sur plusieurs chaînes, et chacun relaie la même image.

Soudain, un éclair foudroie la tour. Je ne sais pas ce que c'est, ça a passé trop vite. Mais en heurtant l'édifice, il a provoqué une spectaculaire explosion qui s'est consumée en un furieux amas de flammes. Des flammes rouges d'abord, puis qui se sont assombries, pour mourir dans un épais nuage de cendres noires. Tout cela en une seconde à peine, trop vite pour que mon esprit déjà troublé puisse saisir ce qui vient réellement de se passer.

« Hé! C'est quoi ça? » Interloqué, je suis sous le choc. Nous le sommes tous. Plus personne ne parle. Le silence total. Le silence de la mort. Nous venons de comprendre. Ce n'était pas un Cessna. Ce n'était pas un accident, ça ne pouvait être un hasard.

« Il y a un autre avion qui vient de frapper la deuxième tour, câlice! » Louiselle n'a peut-être pas la langue dans sa poche, mais elle ne jure pas souvent. Nous sommes tétanisés. Je n'arrive pas à bouger. Je n'ose détourner mon regard de l'écran.

L'image rediffusée montre un avion passer et frapper de plein fouet la tour. En fait, il ne la frappe pas, il s'y engouffre littéralement dans un fracas de feu et de verre. Un immense malaise s'installe dans la pièce alors que nous comprenons tous que quelque chose de vraiment grave vient de se produire en direct devant nous.

En une seconde, nous saisissons l'ampleur de l'événement. Cela ne peut être qu'un attentat terroriste. Qui l'a organisé? Nous ne le savons pas encore. Mais pour la première fois, le cœur de l'Amérique est directement frappé. Pour la première fois, même s'il s'agit d'un autre pays, cela se produit sur notre continent, à quelques heures de route de Montréal. La proximité modifie la perspective que nous avons des événements. Il faut être au bord du gouffre pour sentir le vertige monter en soi. J'avais soudainement la certitude que nous étions au bord d'un gouffre.

Je me tourne vers mon réalisateur: «Martin, appelle Montréal, on y va.»

L'équipe de Québec était en quelque sorte devenue, au fil des ans, l'équipe de choc du réseau. Celle qu'on déployait sur place dès qu'une crise survenait. Ainsi, j'avais été amené, avec mes collègues, à couvrir les inondations du Saguenay, l'accident des Éboulements dans Charlevoix et le grand verglas, entre autres. Mais tous ces événements s'étaient produits au Québec.

«Voyons, Michel, ils ne nous enverront pas là-bas, pas nous autres. Regarde, c'est gros, là.» Il avait raison, nous étions loin du Québec et de notre champ de compétences habituel. Mais je tenais à y aller. Je refusais de n'être qu'un spectateur, je voulais voir de mes yeux. Un événement sans précédent venait de se produire, et il fallait à tout prix que j'y joue mon rôle.

J'ai saisi l'appareil et composé directement le numéro du patron de RDI. Martin Cloutier a répondu rapidement, d'une voix haletante. J'ai entendu l'excitation de la salle des nouvelles en ébullition derrière lui. Tous les journalistes du monde devaient comme nous être stupéfaits et déjà au travail.

« Oui ?

— Martin, c'est Michel. On est prêts, on part quand ?

— Faites votre valise, vous prenez l'avion.

— Pas de problème. »

Je raccroche. L'équipe me regarde. « *Let's go !* On y va. »

Je passe chez moi chercher des vêtements. Je prends une grosse valise parce que je ne sais pas combien de temps je serai parti. De retour au bureau, j'apprends qu'on doit renoncer à prendre l'avion pour se rendre à New York, tous les vols en partance vers les États-Unis sont cloués au sol. Il va falloir y aller par la route. Je pars en camionnette, accompagné de Bruno, le caméraman, et de Linda. Le réalisateur, Martin Roberge, l'assistant et deux techniciens suivront à bord d'une seconde camionnette et d'un camion de diffusion satellite permettant d'émettre en direct. Car la mission de l'envoyé spécial d'une chaîne d'information continue diffère de celle du reporter traditionnel. Il ne s'agira pas de réaliser des reportages destinés à être alimentés au réseau, mais plutôt de couvrir l'événement en direct.

Dans ce genre de crise, le mot d'ordre est de «tenir l'antenne». La programmation régulière est annulée. La chaîne entre en mode «émission spéciale» et le restera le temps qu'il le faudra. Toutes les ressources seront concentrées à couvrir la crise. Une redoutable machine se met en branle, s'anime. Déjà, à Montréal, les chefs d'antenne commentent les images diffusées en direct de New York. Les recherchistes cherchent des invités sur place à interviewer. Le rôle de l'envoyé spécial est de se rendre le plus rapidement sur place.

Nous fonçons vers la frontière américaine. Premier défi, entrer aux États-Unis. Selon certaines informations, la douane est fermée, et il n'est même pas certain qu'on nous laissera passer en tant que journalistes. Il faut trouver un moyen ! Je sais qu'il y a de petits villages où la surveillance est moins stricte le long de la frontière. Au téléphone, je cherche quelqu'un qui connaît un endroit où nous pourrons traverser. J'appelle Louiselle et Geneviève, les deux recherchistes restées à Québec.

«Les filles, faut trouver une façon de passer. On va appeler les mairies, les associations, n'importe qui susceptible de nous aider. »

Pendant une bonne heure, à cinq, nous multiplions rageusement les coups de fil, en quadrillant carrément la frontière, sans succès. Pas de chance. Arrivés devant le poste-frontière de l'État de New York, nous croisons les doigts.

« *Hi !* »

La douanière me regarde de cet air rogue dont les douaniers américains ont le secret.

« *Where are you going?*

— *New York. We are a news crew.*

— *How long are you planning to stay?*

— *We don't know yet, a week or two.* »

La douanière examine minutieusement nos papiers à tour de rôle, nous les remet sans sourire et, à mon grand soulagement, se tourne vers l'écran de son ordinateur en nous disant : « Vous pouvez passer. » Ouf! Un obstacle de franchi.

Je suis d'autant plus surpris qu'à la radio on dit que personne ne passe. *Ben coudonc!*

« Michel, écoute! »

Bruno monte soudainement le son de la radio.

Linda me regarde, incrédule. « Les tours sont tombées », lâche-t-elle, dépitée. Nous restons là, interloqués, figés, muets. Je ne peux le croire. Comment ont-elles pu tomber?

La présentatrice parle d'un ton grave, le moteur de la camionnette gronde, la route défile. Dans notre camionnette, tous restent silencieux, par respect, parce que nous ne savons quoi dire. Mais il faut continuer, le temps presse.

Mon portable sonne! « Michel, c'est Montréal. Qu'est-ce que tu peux nous dire?

— On vient de passer la frontière.

— Bouge pas, je te transfère. C'est Pierre Craig qui anime. »

Quand on nous met en attente avant d'aller en ondes, on entend la diffusion de l'émission. Ça nous permet de suivre. L'animateur du bulletin rappelle que les tours sont tombées. Il vient de parler à des Québécois à New York, puis à la correspondante à Washington, et mentionne que Radio-Canada n'a pas encore de reporter sur place, dans la métropole américaine. Il fait le bilan de la situation, déclare que les frontières sont bloquées et ajoute :

« Une de nos équipes a tenté sans succès d'entrer aux États-Unis. On rejoint au téléphone Michel Jean. Michel, ça ne passe pas ?

— En fait, Pierre, je vous parle actuellement en direct de l'État de New York. Nous avons réussi à passer, facilement je dois dire, à notre surprise d'ailleurs. Nous roulons actuellement en direction de New York. »

>>>

En passant à travers les premiers villages, une chose me frappe. La télé renvoie des images d'horreur venant de la métropole, non seulement du pays, mais de l'État dans lequel je suis. Et alors qu'il règne dans les salles de nouvelles du monde un état de panique, que des millions de personnes sont rivées sur leur téléviseur, les cotes d'écoute des émissions atteindront d'ailleurs des niveaux records le 11 septembre, les villages que nous croisons me semblent si calmes, si normaux. New York brûle et la campagne dort.

Je décide d'arrêter dans un *truck stop* pour interviewer les gens.

« Comment réagissez-vous à ce qui vient de se passer ?

— Quoi ? Qu'est-ce qui s'est passé ? » Le camionneur, un gros barbu avec une vieille casquette John Deer plantée sur la tête, me regarde sans comprendre.

« Les tours du World Trade Center ont été attaquées par des avions de ligne. Elles sont tombées.

— Hein ? Les tours ? De quoi parlez-vous ? »

L'homme n'est visiblement pas au courant.

Je répète. « Les tours sont tombées, New York a vraisemblablement été attaqué par des terroristes !

— Je ne sais pas de quoi vous parlez. »

Personne dans le snack-bar n'est au courant. Le monde entier a les yeux rivés sur New York, la nouvelle de l'attentat s'est répandue comme une traînée de poudre, mais n'a apparemment pas encore atteint l'Amérique profonde, en tout cas, pas ce bled.

Cinq heures plus tard, nous atteignons les premiers faubourgs de New York.

Premier objectif : trouver un hôpital. Le bilan des victimes annonce des milliers de morts et de blessés. Je me dis que les hôpitaux doivent être débordés, que la situation y est sûrement chaotique.

Nous trouvons un hôpital sans difficulté. Mais à ma grande surprise, un calme étonnant y règne.

Dehors, assis sur des bancs et des tables à pique-nique en bois, plusieurs employés, costume bleu pâle sur le dos, prennent l'air. Ils attendent. Mais où sont les blessés ? On dirait qu'il n'y en a pas.

« Bonjour, nous sommes des journalistes canadiens. Comment ça se passe à l'hôpital ?

— Il n'y a rien », me répond une infirmière. Assise par terre, elle fixe le sol en glissant sa main sur les brins d'herbe.

« Avez-vous eu beaucoup de blessés du World Trade ?

— Non. Aucun. Il n'y a rien ici. » Sans détourner son regard de l'herbe verte, elle parle d'un ton monocorde.

Je retourne à la camionnette, ébranlé. Comment se fait-il qu'il n'y ait pas de blessés ? Un accident pareil, et personne à l'hôpital. Je ne comprends pas.

Nous nous remettons en marche, direction Manhattan.

Pendant que je me dirige avec mon équipe vers le cœur de la ville, vers l'emplacement exact du drame, l'autre envoyé du réseau a opté pour le New Jersey situé en face de New York, de l'autre côté du fleuve Hudson. L'endroit offre une vue imprenable sur le centre-ville et constitue un site parfait pour diffuser des directs devant les ruines enfumées du World Trade Center en arrière-plan. Des camions satellites américains déjà sur place louent leurs services aux journalistes. L'objectif est d'avoir au moins un envoyé spécial sur place. Cela me laisse la liberté et le temps de me diriger avec mes collègues vers les lieux mêmes de l'attentat. Depuis le début, je veux m'approcher le plus près possible. C'est dans ma nature, je préfère voir de mes yeux, parler aux gens, sentir l'ambiance pour pouvoir mieux la décrire.

Dès que nous approchons du centre de la ville, la circulation devient rapidement dense, de plus en plus dense. De nombreuses rues sont bloquées. Il y a des policiers partout. Nous roulons en sens inverse de la circulation. Les New-Yorkais abandonnent en masse leur centre-ville. Des milliers de véhicules s'alignent dans d'interminables files, transformant les grandes artères en de longues processions désordonnées et bruyantes. Nous avançons à pas de tortue.

Avant même de gagner Manhattan, nous tombons sur un barrage policier. Il me faut user de toute ma persuasion pour convaincre les agents de nous laisser passer. Nous avançons à nouveau. Mais pas long-temps. Un second barrage policier nous barre la route. Je reprends la négociation, exhibe encore une fois ma carte de presse, multiplie les arguments. Il me faut une bonne demi-heure pour les convaincre de nous laisser passer.

Une fois ce second barrage policier franchi, nous entrons à Manhattan. La voie se dégage. Puis se bloque de nouveau, cette fois définitivement. Nous devrons continuer à pied.

Nous marchons longuement dans la ville, remon-tant ses artères, cherchant à atteindre son cœur. C'est ainsi que je découvre New York. Car aussi incroya-ble que cela puisse paraître, c'est ma toute première visite dans la Grosse Pomme. Je ne m'étais jamais senti attiré ni par New York ni par ce pays d'ailleurs. L'Europe? Oui! Le Vieux Continent me fascine: son histoire, ses cultures, la cuisine, les vieilles pierres, tout cela inspire l'ancien étudiant en histoire que je suis. New York? Jeune, j'ai habité la région de Chicago, et pour moi, les grandes villes américaines sont comme Toronto, où j'ai aussi habité. Et qui veut aller passer ses vacances à Toronto quand il peut aller à Paris?

En ce 11 septembre, c'est donc à pied dans des rues désertes que je découvre la plus grosse ville de mon continent. Quel étrange spectacle s'offre à moi! Je me sens comme un personnage du film *La Planète des singes*. La ville paraît abandonnée. Pas une seule automobile sur Times Square. Les lumières y brillent comme toujours, se reflètent sur le bitume comme sur une glace, paysage fantasmagorique que nous traversons en silence.

Nous quittons Times Square pour poursuivre notre marche sur Broadway, vers le centre de la ville. Des ombres émergent silencieusement de la nuit. À mesure que nous approchons, je découvre quatre pompiers, marchant d'un pas lent et sinistre. Une épaisse poussière blanche les recouvre complètement et semble leur coller à la peau. On dirait des spectres qui flottent dans la nuit. Mais ce sont bien des hommes, des hommes qui avancent, le regard vide, fixant quelque chose d'indéfini devant eux. Ces hommes, comme des fantômes, ont vu la mort, ils l'ont sentie, la portent sur eux comme un voile funèbre. Ces quatre pompiers arrivent visiblement de *Ground Zero*, comme on désigne maintenant les ruines des tours réduites en poussière.

Je m'approche lentement.

« S'il vous plaît, racontez-moi ce que vous avez vu. Comment s'organisent les secours ? Avez-vous trouvé des survivants parmi les décombres ? » Je n'obtiens que des silences à mes interrogations. Ces hommes sont pourtant habitués à affronter le danger. Les pompiers de New York ont l'habitude de la mort. Ils la côtoient souvent. Ils la connaissent bien, car ils la voient de près régulièrement. Qu'est-ce que ces hommes ont vu pour devenir ces fantômes insondables, inconsolables ?

Il est passé 23 heures. Depuis tôt ce matin, avec les autres secouristes, ils ont fouillé les décombres des tours, espérant y trouver des survivants. Mais ils n'en ont trouvé aucun. Il n'y aura pas de survivants, pas de blessés pour le personnel médical des hôpitaux, qui attend. Le World Trade Center ne livrera que des morts, près de trois mille morts, pas un blessé, pas un survivant à l'écrasement, que des morts pulvérisés en cette poussière blanche qui tombe sur la ville. Après deux heures d'une longue traversée, nous arrivons près du but. *Ground Zero* est tout près, à deux coins de rue, juste là, derrière cet édifice. Les policiers ont érigé un dernier périmètre de sécurité. J'entreprends une fois de plus la négociation de notre passage. Mais cette fois, l'officier responsable, une sergente, se montre intraitable. J'ai beau insister, invoquer de nouveau mon statut de journaliste, le fait que nous soyons venus du Canada, rien à faire. « Le site est interdit.

Seuls les secouristes ont le droit d'y aller. Personne d'autre, surtout pas des journalistes. »

La femme, noire, d'environ quarante ans, courte mais costaude me regarde droit dans les yeux, et je comprends que, cette fois, ça ne marchera pas. Puis, je vois de l'autre côté de la barricade un camion satellite de la chaîne américaine NBC. Son antenne est déployée, mais je ne vois pas âme qui vive autour. Il s'agit probablement d'un camion envoyé ce matin pour couvrir l'événement, et qui est resté là depuis.

« Sergent ! Écoutez, vous ne comprenez pas. Je ne veux qu'aller à mon camion satellite. »

La policière me regarde d'un air dubitatif.

« Regardez ma carte. » Je lui montre ma carte d'employé de Radio-Canada avec photo. « Vous voyez ! Je travaille pour CBC, et nous sommes affiliés à NBC. Ça, c'est mon camion, on m'attend pour faire mes directs. Il faut que vous me laissiez passer. »

Du coin de l'œil, je vois mon amie Linda qui me regarde, incrédule. Évidemment, il n'y a aucun lien entre NBC, une entreprise de presse américaine, et CBC, une société de la Couronne canadienne. Mais au point où j'en suis, je n'ai rien à perdre. La sergente hésite, me fixe un moment et dit finalement :

« OK, vous pouvez y aller. » J'exulte. « Mais vous n'allez qu'au camion, et pour m'en assurer j'y vais avec vous. » Problème ! Quelques enjambées plus tard, nous sommes devant le camion. Je cogne à la porte.

Rassurée, la policière tourne les talons et repart vers son poste. De là, elle garde un œil sur nous.

N'ayant pas obtenu de réponse, je frappe de nouveau, plus fort. Après un long moment de silence, la porte s'ouvre. Devant moi, un des deux techniciens me fixe, le regard embrouillé, les cheveux en désordre. Il n'a pas l'air content de me voir, celui-là. Lui et son collègue sont là depuis le matin. Pas question pour eux de ramener le camion, de crainte de ne plus pouvoir accéder au site par la suite. Donc, après avoir travaillé plus de douze heures, les deux employés sont forcés de dormir dans leur véhicule, sur des chaises inconfortables. Visiblement, je tombe au mauvais moment.

« Bonsoir. Désolé de vous réveiller, les gars. Nous sommes une équipe de Radio-Canada, de Montréal, au Canada. Nous voudrions louer votre camion pour faire des directs. »

Le technicien me dévisage. Pas un mot ne sort de sa bouche, mais je comprends que ma proposition ne l'intéresse pas le moins du monde.

De mon côté, je jette un regard furtif sur la sergente, qui a rejoint ses hommes et qui continue de nous surveiller. Décidément, je commence à manquer de temps et d'options.

« Écoutez, je sais qu'il est tard et que vous avez eu une journée infernale. Mais nous voudrions utiliser votre camion satellite pour faire des directs pour Radio-Canada. »

Honnêtement, je m'attends à ce qu'il m'envoie promener et je me prépare à retourner à pied jusqu'à notre camionnette.

« Radio-Canada, vous dites ? »

L'Américain me jette un regard curieux. Sa mine patibulaire s'adoucit soudain.

« Oui. Radio-Canada. Il y a radio dans le nom, mais c'est aussi une télé, la télé publique canadienne.

— Je sais, dit-il. Entrez. »

Il y a de l'espoir, me dis-je en pénétrant à l'intérieur du véhicule, en saluant de la main la sergente qui continue de nous observer.

« C'est qui, ceux-là ? » Le collègue de mon ami paraît nettement moins content de nous voir.

« Ils sont de Radio-Canada. Calme-toi, *man* ! »

Puis, il se tourne vers moi : « Travaillais-tu au moment de l'accident des Éboulements ? »

L'homme me regarde et attend de toute évidence ma réponse. Les Éboulements ? L'accident survenu quatre ans auparavant avait constitué une grosse nouvelle au Québec, et, oui, j'avais été le premier journaliste sur place avec une équipe de retransmission satellite. Mais pourquoi s'intéresse-t-il à ça ?

« Oui, dis-je. Mieux que ça, c'est même moi qui étais là. Pourquoi ?

— Ben, tu nous as fourni le relais satellite ce jour-là. Et tu nous as sortis de la merde. Regarde, *man*, dit-il en s'adressant à son collègue encore endormi. On était dans la merde, et ce gars-là nous en a sortis. *Come on, dude !* On va les aider. »

Son compagnon le regarde, découragé. Moi ? Eh bien ! je n'en reviens pas de ce coup de chance !

Le monde des médias est bien petit, ça, je le savais. Mais me retrouver ici et tomber sur un technicien de NBC qui a une dette envers moi ? Incroyable !

Grâce à la collaboration de mes amis du réseau NBC, nous avons pu diffuser, ce soir-là, plusieurs entrevues réalisées en direct avec des secouristes, avec les premières équipes de camionneurs qui s'apprêtaient à commencer le nettoyage des décombres de *Ground Zero*. Des entrevues touchantes avec des gens qui découvraient en même temps que nous l'ampleur du drame.

La nuit était avancée, il devait être une heure ou deux au moment où nous sommes finalement entrés en ondes. Mais pour moi, c'était une énorme victoire. J'avais réussi à me rendre juste à côté de la « pile », comme l'appelaient déjà les secouristes, et je pouvais interviewer les gens directement concernés. Peu de personnes allaient le voir au Québec. Heureusement, RDI étant repris par TV5, plusieurs téléspectateurs européens nous suivaient grâce au décalage horaire qui les avantageait. Mais qu'importe. Parti de Québec le matin, j'étais parvenu jusqu'à *Ground Zero*, enfin presque.

Une fois les directs complétés, j'hésite entre repartir ou tenter d'entrer à *Ground Zero*. J'entrevois les ruines du World Trade Center à quelques mètres à peine. Je vois les puissants projecteurs installés pour éclairer le site. On y va ? La sergente est toujours là et nous surveille encore. Le choix est difficile à faire. J'opte finalement pour la prudence. Si la sergente se fâche, on ne pourra plus revenir. Demain, je trouverai bien un moyen d'y aller.

Vers 4 heures, Bruno, Linda, Martin et moi, après avoir une dernière fois remercié nos amis de NBC, partons à pied retrouver notre camionnette. J'ignorais alors que je commettais une erreur.

Il est 7 heures du matin lorsque j'ouvre finalement la porte de ma chambre d'hôtel. Ouf! Quelle journée! Je conviens avec Linda d'une pause de deux heures. Deux heures de sommeil après vingt-quatre heures de travail, ça me semble un minimum.

Je m'effondre sur mon lit. Demain, on se rend à *Ground Zero.* Une seconde plus tard, je suis dans les bras de Morphée. Deux secondes plus tard, à ce qu'il me semble en tout cas, le réveil sonne. Déjà? me dis-je.

Linda et Bruno m'attendent dans le lobby. On emporte des croissants et du café, et hop! on est repartis, en route vers *Ground Zero*!

Cependant, en parlant avec Martin au téléphone, j'apprends que le périmètre de sécurité a été élargi. Il s'étend maintenant au-delà de Canal Street, soit loin, très loin du quartier des affaires où se dressaient encore hier les deux tours symboles. Et bien loin du dernier périmètre que j'ai réussi à atteindre de peine et de misère. Je constatais trop tard qu'en optant pour la prudence la veille, j'avais raté une précieuse occasion de visiter *Ground Zero*. Se présenterait-elle de nouveau?

Comme nous ne pouvons avoir accès au site de l'attentat, nous partons à la recherche de témoignages. Toute la journée, je parcours ainsi la ville pour parler à des familles endeuillées, assister à des manifestations de solidarité organisées dans des parcs publics, émouvantes vigiles aux chandelles. Et pendant ces longues heures, je prends le pouls d'une ville en état de choc. Car New York, l'arrogante parmi les arrogantes en cette terre d'Amérique, devenue soudain vulnérable, vivait alors dans le doute, dans la crainte d'une nouvelle attaque.

Toutefois, cet état de vulnérabilité dans lequel se trouvaient plongés les habitants de New York les avait rapprochés, comme le font souvent les catastrophes. C'est un réflexe normal, un réflexe tribal, propre à tous les mammifères. Quand ils se sentent menacés, les hommes éprouvent souvent le besoin de se rapprocher de leurs semblables, ils se serrent les coudes, font front contre l'adversité. Si bien que pendant ces jours de grand deuil, les New-Yorkais, réputés comme étant les plus individualistes et les plus irascibles des citoyens américains, s'humanisaient. Pour la première fois de mémoire d'homme, ils se préoccupaient de leur voisin, se saluaient mutuellement dans la rue.

« L'attentat nous a rendus plus humains », répètent plusieurs New-Yorkais. L'attaque terroriste avait frappé la ville dans son cœur, mais elle n'était pas venue à bout du moral de ses habitants. Au contraire, l'adversité semblait leur avoir fait prendre conscience qu'ils formaient une communauté, dans la démesure certes, mais une communauté tout de même. La cicatrice laissée par l'attaque contribuait à les convaincre de resserrer les rangs. New York avait beau être une mégalopole formidable, les New-Yorkais voyaient enfin que, face au monde, leur ville n'était en fin de compte qu'un village.

À minuit, je prends l'antenne. Nous diffusons en direct du toit de l'édifice où se trouvent les bureaux de Radio-Canada, dans Midtown, près de l'hyper-chic Fifth Avenue et du Rockefeller Building, qui abrite le quartier général de NBC. Du 50ᵉ étage, la vue sur la ville est fabuleuse et contraste avec l'ambiance sombre qui règne sur la métropole américaine.

La nuit est longue. Linda et moi profitons des pauses pour dormir un peu, elle, directement sur le sol de gravier, moi, sur le muret d'aluminium surmonté d'une petite clôture, qui ceinture l'édifice. J'assure l'antenne en direct du toit jusqu'à midi.

Sitôt sorti des ondes, je repars en quête de reportages. L'équipe technique, elle, en profite pour se déplacer. Les autorités ont finalement décidé de placer tous les médias au même endroit, sur l'avenue qui longe l'Hudson. Tout le monde est confiné à ce site. En quelques heures, une longue procession de camions satellites hétéroclites s'alignent à la file indienne le long de la large avenue qui donne directement sur le centre-ville. Au fond, en arrière-plan, tous les médias diffusent désormais la même image.

Une longue, sinueuse et sinistre traînée de fumée s'élève désormais vers le ciel à l'endroit où se dressaient les tours. L'espace béant laissé par l'effondrement était occupé par une sorte de fantôme qui étreignait les secouristes et répandait son odeur maléfique sur la ville. Une odeur étrange, chimique, créée par la fusion de millions de tonnes de béton, d'acier et de trois mille corps humains qui se consumaient toujours sous les débris, sous la « pile », comme les secouristes surnommaient maintenant ce qui avait été la plus fabuleuse place financière de la planète.

Avant de reprendre un nouveau quart de douze heures d'antenne en direct, je vais me coucher. J'ai cinq heures devant moi. N'ayant dormi que deux petites heures au cours des cinquante dernières, je tombe littéralement de fatigue.

Couché sur le lit de ma chambre, j'ouvre la télé. Et pour la première fois, je vois l'image. Cette image que je commente depuis deux jours et que je n'avais vue qu'à travers les mots des autres. Pas le temps. Je cours depuis que je suis parti de Québec. Je le savais, mais je ne l'avais pas vu. Habituellement, lorsqu'on diffuse en direct, même à l'extérieur, on dispose d'un moniteur qui nous montre l'image diffusée en ondes. Ça permet à l'animateur de suivre l'action et de la décrire quand c'est nécessaire. Mais ici, nous nous étions installés en catastrophe sur un toit d'édifice et, comme cela arrive parfois, je n'avais pas de moniteur à ma disposition.

C'est donc là, deux jours plus tard, couché sur ce lit qui n'était pas le mien, que je voyais finalement de mes propres yeux l'effondrement du World Trade Center. Savoir une chose n'a pas le même impact que de la voir. Et cette image incandescente des tours qui tombent et se vaporisent littéralement en quinze secondes me frappait au cœur. Étendu en silence dans une chambre sans lumière, je regardais la télé pendant que des larmes coulaient lentement de mes yeux.

>>>

Dans les jours qui ont suivi, RDI a cessé de diffuser vingt-quatre heures sur vingt-quatre en direct de New York. J'assurais quand même six heures d'antenne, ce qui reste une tâche considérable. Mais mon équipe et moi avions rapidement trouvé notre rythme. Nous zigzaguions chaque jour dans la ville, cherchant son pouls. Les secouristes continuaient de fouiller les décombres. L'aide s'était organisée. Des milliers de bénévoles venaient prêter main-forte.

Nous étions témoins de la résilience des Américains dans l'adversité.

Pour ma part, j'étais obsédé par le désir de retourner à *Ground Zero*. Je voulais voir de mes yeux, et l'image de l'effondrement des tours n'avait fait que renforcer ce désir. Mais Linda et moi avions beau tout tenter, il n'y avait rien à faire. Aucun journaliste n'était autorisé à y aller. La sécurité devant le site était maximale, de hautes clôtures et des policiers armés en bloquaient l'accès. Je devais, comme mes collègues, me contenter des images diffusées à partir d'édifices voisins, me contenter de regarder à distance.

Après deux semaines, Linda et Bruno sont rentrés à Québec. Ils ont été remplacés par Richard Giguère, un vieux compagnon de la première heure de *Québec en direct,* avec qui j'avais notamment couvert les inondations du Saguenay–Lac Saint-Jean, et Christian Merciari, un recherchiste de Montréal que je connaissais peu.

Au cours des jours suivants, Christian prend le relais et continue ce que Linda avait commencé à établir : un réseau de contacts destiné à nous permettre d'atteindre le but que je m'étais fixé, soit obtenir l'autorisation d'aller à *Ground Zero*. Chaque jour, je répète la même consigne, comme un mantra : « *Ground Zero*, ou le maire de New York, Rudy Giuliani, en entrevue, Christian. Je veux un ou l'autre. » C'est presque une blague entre nous maintenant.

Et à mesure que les jours passent, pendant que je continue de sillonner la ville pour réaliser des entrevues et tournages pour alimenter le réseau, alimenter la « Bête », comme on l'appelle entre nous, le recherchiste tisse son réseau de contacts, parlant à un tel et à tel autre. Il cherche la faille dans le mur qui se dresse devant nous et bloque l'accès au site. C'est un travail de moine qui se pratique dans l'ombre et demande beaucoup de débrouillardise. Un bon recherchiste doit savoir établir rapidement le contact avec les gens à travers des conversations téléphoniques. C'est un travail méconnu du grand public, mais un art apprécié au sein des organisations de presse.

Ça fait plus de trois semaines qu'on est là, et je dois avouer que j'ai renoncé sans le dire à me rendre à *Ground Zero*. Notre mission achève, quelques jours encore. Un soir, alors que, ma journée terminée, je roule en direction de l'hôtel, mon portable sonne. Au bout du fil, je reconnais la voix de Christian. Il est fébrile.

« Michel, écoute bien ! Mon contact à la police de New York pense qu'on peut aller à *Ground Zero*. Il m'a donné le nom de la personne à la ville qui pourra nous dégoter une autorisation. »

Christian a l'air d'un chat qui vient d'avaler une souris. Depuis quelques jours, il croyait être sur la bonne piste, ayant trouvé une personne disposée à nous aider.

« Hein ? Tu es sûr ?

— Oui, oui. J'attends la réponse demain matin. »

Le lendemain, dès l'ouverture des bureaux, Christian appelle. La conversation ne dure que quelques minutes. Et voilà, nous pouvons y aller ! « Présentez-vous au poste de police 24, à 14 heures, et demandez le sergent Nash », dit le fonctionnaire. Tout simplement ! Honnêtement, je n'arrive pas à y croire, Christian non plus, d'ailleurs. Je me dis qu'il y aura sûrement un os à la dernière minute. Car, à part quelques vedettes de cinéma et de rares présentateurs de l'information américaine, personne n'est encore allé sur le site, où les équipes de secours continuent de fouiller les décombres du World Trade Center jour et nuit.

À l'heure dite, nous sommes au poste 24. Le sergent se fait attendre. Debout devant le bureau de l'officier du NYPD, nous sommes fébriles. Je le savais, me dis-je. Il n'est pas là. Ça ne marchera pas. On se paie notre tête.

Christian se ronge les ongles, le regard sombre.

Puis un grand type noir, moustachu, costaud se présente. « J'arrive, j'arrive. Allez, on y va. Je monte avec vous. » C'est le sergent Nash.

Nous montons à bord de notre camionnette, où Richard nous attend. Nash s'assoit devant. Il parle au téléphone avec sa femme. Il gesticule, s'énerve. L'attitude désinvolte du policier me rend perplexe. Elle contraste avec la gravité des lieux et l'ambiance qui y règne. Soudain, Nash se tourne vers moi et lâche. «Qui êtes-vous?»

Je ne comprends pas le sens de la question de Nash.

«Je suis un journaliste, tout simplement.»

Le policier réplique sur le ton de celui qui ne pige pas.

«Je sais, mais vous, qui êtes-vous? Qui êtes-vous pour mériter d'être ici? Personne n'a le droit d'entrer. Vous êtes journaliste? Je veux bien. Un journaliste? OK, Dan Rather, le chef d'antenne du réseau CBS, était ici hier. Dan Rather, ça va, lui, je comprends. Mais vous, qui êtes-vous pour mériter d'être ici?»

Il a raison. J'essaie de crâner du mieux que je peux.

«Vous savez, sergent Nash, vous ne savez jamais à qui vous parlez.» C'est tout ce que je trouve à dire. Ça ne l'impressionne guère. Nash hausse les épaules, se tourne vers l'avant et reprend sa conversation au téléphone.

Cinq minutes plus tard, nous arrivons devant la porte donnant accès au site.

Le policier nous donne ses directives.

«Vous avez vingt minutes à partir du moment où nous sortons du véhicule. Vous ne parlez à personne! Si vous contrevenez à cette règle, je vous sors par le collet *subito presto*. C'est clair?» Cette fois, il ne blague pas. L'air sombre, il pointe vers moi un doigt menaçant. «C'est compris?

— Oui, sergent. J'ai compris.»

Nash sort de l'auto-patrouille et nous le suivons. Richard tourne, je lui ai demandé de mettre sa caméra en marche et de ne l'arrêter que lorsque nous serons de retour à la camionnette. Pas avant. En attendant, on tourne tout.

Nash connaît tout le monde, il salue nonchalamment les gardiens de sécurité. La porte qui se dressait tel un mur infranchissable devant moi depuis trois semaines s'ouvre comme si de rien n'était, s'ouvre facilement. Christian me regarde. Ça y est, nous y sommes. Une fois la porte franchie, nous tombons sur ce qui ressemble à un chantier de construction. La voie d'accès longe les édifices. Des travailleurs vont et viennent. Je suis surpris de les voir s'échanger des blagues à quelques mètres du sanctuaire où sont amassées pêle-mêle les cendres des victimes du World Trade Center.

Sur la gauche, il y a une chapelle improvisée dans ce qui était un petit commerce. Un lieu de prière et de recueillement réservé aux secouristes. Les travailleurs y ont placé une croix, des photos, des images saintes, des reliques disposées sans ordre apparent.

Quelques enjambées plus loin, le trottoir s'élargit. L'ombre s'estompe à mesure que nous approchons de la clairière qui s'est formée dans la forêt de gratte-ciel de Manhattan. Quelques pas encore. Voilà, nous y sommes.

Le choc ! Devant moi s'élève une montagne de débris que je ne reconnais pas tout à fait. Ça ne ressemble pas aux images que j'ai vues à la télé. Ce n'est pas l'image qu'on se fait d'un édifice qui s'est effondré. La masse est compacte, sans interstices, comme un monstrueux amas de cendres séchées, collées. La fumée s'échappe encore du sol. Les scientifiques affirment que les débris brûlent encore sous la terre. Je comprends pourquoi, malgré leurs efforts désespérés, les équipes de recherche n'ont trouvé aucun survivant. Personne ne peut survivre à ça. Il n'y a pas de place pour un survivant ici.

L'endroit me donne le vertige. Comme quand j'ai vu les Rocheuses canadiennes pour la première fois, ou la cathédrale Notre-Dame de Paris. Mais au lieu de provoquer l'émerveillement, ce vertige provoque un malaise difficile à décrire. Je n'ai jamais rien vu de pareil. Rien, dans mes souvenirs, dans ce que j'ai appris, ne m'a préparé à comprendre ou à accepter ce que je vois. L'horreur pure, le mal, pire, le malin.

Plusieurs des édifices entourant le World Trade Center ont été endommagés par l'effondrement. L'un d'eux a été déchiré sur plusieurs étages par une partie détachée de la tour est qui, tel un gigantesque poignard d'acier, est restée plantée sur sa face. Un autre a été à demi détruit et devra être démoli par la suite. Et partout, où que je regarde, cette poussière blanche qui souille les murs, le sol, les hommes.

Je décris du mieux que je peux ce que je vois à la caméra. Je fais de longues pauses. L'image parle

.d'elle-même. Vue du sol, la pile me paraît immense. La lentille n'arrive pas à transmettre l'ampleur du drame.

Ce trou dans la ville semble irréel. Difficile d'imaginer que se dressaient ici, face à l'Atlantique, les plus fiers gratte-ciel de l'Amérique, dont il ne reste que cette chose incompréhensible, inhumaine.

Nos vingt minutes écoulées, le sergent Nash nous indique qu'il est temps de partir. Je le suis en silence. Nous reconduisons le policier à son poste et fonçons vers notre camion satellite.

Dans la camionnette, personne n'ose ouvrir la bouche. Le véhicule se faufile dans la ville redevenue grouillante et nerveuse. New York blessée, mais vivante, se refait des forces.

Christian me prend le bras. « Je ne sais pas comment t'as fait.

— Quoi, que veux-tu dire ?

— Comment t'as fait pour parler, Michel ! Moi, j'avais de la difficulté à parler. Nash me jasait ça, comme si tout était normal. À un moment donné, je lui ai fait un signe avec ma main devant ma gorge pour lui montrer que j'étais incapable de parler, pour lui dire d'arrêter. Et toi, tu es resté calme, tu décrivais la scène comme si de rien n'était. C'est pour ça que, toi, tu fais ta *job*, et moi, la mienne, Michel.

— Je ne sais pas, Christian. Tu as tellement travaillé fort pour nous amener ici, c'est mon bout à moi, ma *job* de ne pas gâcher ça. Et j'étais pas mal sur le pilote automatique, tu sais. »

Arrivé au camion, je remets la cassette à Martin. «On passe ça intégral. C'est *live to tape*.» C'est ainsi qu'on décrit les enregistrements destinés à être diffusés sans montage ni reprises. «Ça dure environ quinze minutes.»

Je m'installe devant la caméra, place le télex dans mon oreille droite, comme d'habitude. J'entends l'animateur à Montréal. Je prends ce moment pour me concentrer, me préparer, me ressaisir surtout, mais je reste empreint de ce que je viens de vivre.

«Notre envoyé spécial, Michel Jean, arrive tout juste de *Ground Zero*, où il a été le premier journaliste canadien à avoir accès au site de l'attaque terroriste. Michel, décrivez-nous ce que vous avez vu.»

Silence, il me faut au moins quelques secondes, trois ou quatre, une éternité en télé, pour ouvrir la bouche. Je parle d'une voix qui me semble éteinte. Je n'y peux rien. Je tente de trouver les mots pour décrire ce dont nous venons d'être témoins. L'émotion me tenaille encore, me serre la gorge, et je ne tente pas de la cacher. Et je le fais pour une raison, parce que j'ai appris que, à la télé, l'image ne rend pas justice au drame. Aussi spectaculaire soit-elle, aucune image ne peut vraiment montrer le drame du World Trade Center. Je m'en rends compte, ce n'est pas uniquement avec les yeux qu'on comprend. C'est avec le cœur, les tripes, avec son ventre. Voir défiler des images ne suffit pas, il faut parfois avoir vu de ses propres yeux. Et c'est ce que je tente de faire comprendre, de partager avec les téléspectateurs, avant de lancer notre reportage.

Le soir, au bar de l'hôtel, je sirote un Cosmopolitain, le cocktail à la mode à New York. Les barmans américains les font costauds et bien serrés. Seul au bar, je revis la journée. Les images défilent et je me laisse entraîner. Je suis content, mais pas heureux. Au fond de moi, il y a une sorte de tristesse qui s'est installée, un malaise. J'ai vu le mal incarné, j'ai vu les yeux de la Bête. Je les ai vus de mes yeux. J'ai vu ce sanctuaire où reposent près de trois mille victimes, dont on ne retrouvera que des parcelles à peine suffisantes pour qu'on en reconnaisse l'ADN nécessaire à leur identification.

Christian vient me rejoindre. « Le premier ministre canadien, Jean Chrétien, arrive demain. Il va visiter *Ground Zero.* » Christian s'installe sur le banc à côté du mien. On reste là un long moment, sans parler. À la télé, CNN montre les images des travailleurs qui continuent le nettoyage des ruines.

« Tu veux un Cosmo ?

— Non merci, Michel. »

CHAPITRE 6

L'angle local

Saint-Mathias-sur-Richelieu, juillet 2006

À l'ombre, assis sur la terrasse, je sirote mon café, m'étire longuement dans la tiédeur du matin. Je m'amuse à faire bouger un à un les muscles de mon corps endolori. Les trois dernières semaines ont été particulièrement éprouvantes et j'en suis fort content. Depuis le début de ma saison de vélo de montagne que je courais après ma forme. Découragé par mes piètres résultats en course, mes pires depuis longtemps, je m'étais imposé un traitement-choc. Près d'un mois de rude entraînement dans les montagnes de Charlevoix et sur la Côte-de-Beaupré, à raison de quinze à vingt heures par semaine de vélo avec mon ami Johnny, un athlète dur au mal notoire. Et je commence à en récolter les fruits. Je suis fatigué certes, mais c'est une bonne fatigue. Ma forme monte, je le sens dans mes fibres, et c'est une sensation que j'adore. Le calendrier des courses de la Fédération québécoise des sports cyclistes repose sur la table devant moi. La saison tire à sa fin, mais il reste la course la plus importante de l'année à mes yeux, le Championnat du Québec, qui sera disputé dans un mois. J'ai amplement le temps de récupérer de mon entraînement intense. Si tout se passe comme prévu, je serai au sommet de ma forme pour la course. D'autant plus que le championnat est disputé cette année sur mon circuit fétiche, à Hull. J'y ai gagné ma première Coupe Québec et le Championnat canadien. Je sens que l'alignement des planètes est parfait !

Le bruit de la sonnerie du téléphone vient briser le silence et me sortir de ma rêverie. Je jette un coup d'œil à l'horloge. Il est 10 heures, ça doit être Alex qui veut aller rouler. Je rentre et saisis l'appareil nonchalamment.

« Hello ! »

Je reconnais tout de suite la voix pressée au bout du fil, ce n'est pas Alex.

« Hé Michel ! Fortin à l'appareil. »

Serge Fortin, le vice-président de l'information de TVA, mon patron.

« Salut, Serge. Ça va ? »

Je suis surpris. Il reste deux semaines à mes vacances.

« Écoute, je t'envoie une *curve* comme ça. Ton passeport est valide ?

— Oui, pourquoi ?

— Tu as vu la mort de la famille El-Akhras dans un bombardement au Liban ? Cela a beaucoup choqué les Québécois, qui se sentent interpellés. Ils s'intéressent maintenant beaucoup au conflit avec Israël. Je sais que c'est l'été, mais je crois qu'il faut que nous envoyions une équipe là-bas. J'ai pensé que tu pourrais nous aider. Es-tu disposé à y aller ?

— Je pars quand ?

— Ton vol est à 22 heures.

— Je fais ma valise et je passe au bureau. »

Mon vélo est toujours adossé au mur sur la terrasse. On dirait qu'il me demande ce que je suis en train de faire. Désolé, mon vieux, c'est le boulot.

Au moins, je vais être en forme pour le voyage…

>>>

Douze heures plus tard, je regarde par le hublot Montréal s'éloigner sous moi. La ville disparaît derrière l'horizon à mesure que l'Airbus prend de l'altitude. Qu'est-ce qui détermine l'importance d'une nouvelle ? Qu'est-ce qui incite un réseau de télévision à investir plusieurs dizaines de milliers de dollars dans une couverture plutôt qu'une autre ? Plusieurs facteurs, bien sûr. Pour un réseau privé comme le nôtre, dont les ressources financières sont plus restreintes, il faut faire ce choix de façon éclairée. Il y a l'importance de la nouvelle à considérer d'abord. En principe, ça devrait être le premier facteur à évaluer. Mais les choses ne sont pas si simples. Si l'importance d'une nouvelle était le seul critère à considérer, les historiens écriraient les journaux, pas les journalistes. Car l'histoire retient les événements qui la marquent, les événements importants se retrouvent dans les livres d'histoire, mais pas nécessairement à la une des bulletins d'information ou des journaux.

L'historien, bénéficiant notamment du recul du temps, a une vision plus claire de la hiérarchie des événements. Il peut objectivement évaluer leur portée réelle et définitive sur les sociétés. Éloigné de l'arbre, l'historien voit bien la forêt et peut plus aisément la décrire. Cette distance le préserve du tumulte de l'opinion publique, des critiques, et lui offre un poste d'observation privilégié. Du haut de son phare, il lui est plus facile de repérer les récifs.

Contrairement à l'historien, le journaliste, lui, a les deux pieds plantés dans le présent. Il vit dans le bruit de la quotidienneté, des critiques. Si ce poste d'observation ne lui donne pas la même perspective que les années qui passent donnent à l'historien, il lui permet tout de même de mieux apprécier la société dans laquelle il vit. Son poste d'observateur permet au journaliste de jeter un regard moins froid sur la vie. Le journaliste sent, voit, ressent davantage ; tout ce qu'il côtoie le motive, l'émeut, le fait rire ou le met en colère. Le journaliste, en ce sens, est plus émotif dans son analyse, ou à tout le moins plus sensible aux soubresauts de l'opinion publique.

C'est pour cette raison que je me retrouve assis à dix mille pieds du sol, en direction de Tel-Aviv. La crise dure depuis le début de l'été. L'enlèvement de deux soldats israéliens par le Hezbollah libanais a servi d'élément déclencheur au conflit. Israël a répliqué en bombardant durement le sud du Liban et menace maintenant d'envahir son voisin. Le Hezbollah réplique à coups de roquettes lancées sur les villes du nord d'Israël.

Les médias ont couvert en abondance le conflit entre le Liban et Israël, comme toujours. Cela s'explique en partie par l'importance intrinsèque, voire historique, de l'événement, bien sûr, mais aussi parce que le Québec compte d'importantes communautés libanaise et juive. Un autre incident viendra cependant donner une nouvelle dimension au conflit.

« Sept Canadiens ont été tués dimanche, au Liban, dans un raid aérien israélien, à la frontière avec l'État hébreu, et trois autres sont grièvement blessés. Les victimes faisaient toutes partie de la même famille, les El-Akhras, des Montréalais en vacances dans leur pays d'origine. » La nouvelle fait la manchette de tous les médias. Un père et ses quatre enfants, âgés de un à huit ans, leur mère, la grand-mère et un grand-oncle tués alors que, selon des proches, ils tentaient de quitter le pays et de revenir au Québec depuis quelques jours déjà, sans succès.

L'aéroport ayant été l'une des premières cibles visées par les frappes, il était pratiquement impossible de quitter le Liban. L'histoire des El-Akhras choqua profondément l'opinion publique québécoise. Pour la première fois, ce conflit lointain et immémorial prenait un visage québécois, celui d'une famille de Côte-des-Neiges–Notre-Dame-de-Grâce. Les journalistes interviewaient leurs voisins de Montréal, leurs amis. À travers ce drame humain qui les touchait, les Québécois portaient un regard nouveau sur la crise. Un événement sans portée historique leur ouvrait les yeux. Soudain, cela ne se passait plus seulement en Israël et au Liban, cela se passait aussi tout près, à Montréal. Bref, il y avait un angle local.

>>>

Haïfa

Puisqu'il est impossible de se poser au Liban, nous avons décidé de nous rendre en Israël. Après avoir débarqué à l'aéroport, Yanni et moi déposons nos bagages à l'hôtel et prenons un taxi pour Haïfa, dans le nord du pays.

Le Hezbollah n'a pas la force de frappe militaire de l'armée israélienne, mais il est capable de frapper les villes du nord du pays, d'y semer la mort et d'y faire régner la terreur. Les roquettes pleuvent par milliers sur cette région. Chaque jour, les sirènes d'alarme résonnent dans le ciel, annonçant une nouvelle bombe volante tirée du Liban. Les Katioucha du Hezbollah sont des armes imprécises qui n'atteignent leurs cibles que de façon aléatoire, mais qui parviennent efficacement à répandre la peur dans toute la région.

La ville de Haïfa est la plus durement touchée par les attaques. Troisième ville en importance d'Israël, elle est située à quelques dizaines de kilomètres de la frontière libanaise. Haïfa est un port industriel important. Hormis le fait que son cimetière abrite la tombe de Mike Brant, chanteur de charme qui connut une brève mais fulgurante carrière en France dans les années 1970, et que le rockeur et bassiste du groupe américain Kiss y soit né en 1949, cette ville avait peu fait parler d'elle jusqu'à maintenant.

En fait, être une ville sans histoire constituait sa marque de commerce. Haïfa était une oasis de tolérance, le seul endroit en Israël où Juifs et Arabes avaient appris à vivre ensemble. Partout dans le pays, les Juifs se méfiaient des Arabes, qui le leur rendaient bien. Les deux communautés vivaient chacune de leur côté, partout sauf à Haïfa, où il n'était pas rare de voir des Juifs et des Arabes attablés ensemble dans des cafés ou faire leurs emplettes dans leurs commerces respectifs. « C'est la seule ville au monde où Juifs et Arabes vivent en paix, se plaît à dire le maire, pour qui cette cohabitation est facile à expliquer : Mahomet, Jésus et Moïse ne sont jamais venus à Haïfa, nous n'avons donc pas de lieux saints à nous disputer. » Mais les Katioucha ne faisaient pas non plus de discrimination, et le tiers de leurs victimes étaient arabes.

Calé au fond du taxi, je regarde les noms de villes et de lieux appris dans les cours de catéchisme de mon enfance défiler sur le bord de la route. Je suis ému de me retrouver en Israël. J'aurais aimé faire le détour par Jérusalem, qui n'est qu'à un jet de pierre, pour ajouter mes pas à ceux qui ont foulé son sol, ou pour au moins voir cette ville sainte de mes yeux, ne fût-ce qu'un regard furtif. Je n'en ai évidemment pas le temps, comme d'habitude ! L'envoyé spécial voyage un peu comme un sportif professionnel, sans visiter les lieux. Le sportif voit des stades, le journaliste, des zones de conflit ou des catastrophes naturelles. Voyager sans voir, quelle étrange contradiction, me dis-je, pendant que le taxi, au lieu de virer à droite vers Jérusalem, prend la gauche, en direction de Haïfa.

Une heure plus tard, nous roulons dans les faubourgs de Haïfa quand la radio annonce qu'un nouveau missile vient de frapper la ville.

« Vite, dis-je au chauffeur. Il faut trouver l'endroit où le missile est tombé, on y va. »

Le chauffeur obéit, accélère, fonce vers le centre-ville. Les sirènes tonitruantes résonnent partout. Nous roulons dans une ville déserte. La population s'est réfugiée dans les abris. Je jette de furtifs coups d'œil vers le ciel, surveillant fébrilement l'arrivée d'éventuels missiles.

Nous nous dirigeons vers le port et son quartier industriel, qui a été la cible des attaques jusqu'à maintenant. Ironie du sort, c'est aussi là que se trouvent certains quartiers plus pauvres où vivent beaucoup d'Arabes. Nous repérons rapidement l'endroit où le missile est tombé. Les dégâts ne sont pas importants, pas de victimes non plus. Les sirènes se sont tues, les gens sortent. Haïfa, qui retenait son souffle, reprend vie, pour le moment.

Il commence à se faire tard et je n'ai pas le temps de préparer un reportage pour le bulletin du soir. Juste le temps de faire un direct. Tous les camions de diffusion par satellite sont postés sur le mont Carmel qui domine la ville.

Comme dans toutes les zones de conflit, de nombreuses entreprises de diffusion offrent leurs services aux journalistes. Les grands réseaux américains et européens sont présents, mais plusieurs indépendants proposent leur assistance aux autres. Louer une fenêtre de dix minutes peut coûter une petite fortune. Il nous faut un peu de temps avant de trouver le camion que l'équipe des moyens de production de Montréal a réservé pour nous.

Les camions de diffusion sont alignés en une longue et spectaculaire file indienne. Cela doit bien représenter des centaines de millions de dollars d'équipement. Le point de vue est grandiose. La ville se déploie jusqu'à la baie. Je distingue les jardins en terrasses du mausolée du Bab, une des attractions touristiques les plus populaires. Et surtout, au loin, le port, cible de toutes les attaques libanaises.

Après avoir cherché longtemps, je finis par trouver notre camion. Un parmi d'autres. Il doit y avoir deux douzaines de reporters comme moi, cordés le long de la route, avec le même arrière-plan comme décor. Ils parlent espagnol, allemand, italien, japonais, et anglais, bien sûr. Je suis posté juste à côté du studio de Fox News, le réseau d'information continue américain qui, depuis le début, appuie ouvertement la guerre en Irak et est proche de la droite américaine. De l'autre côté, un reporter italien est en direct avec son studio de Rome. Des journalistes des quatre coins du monde se retrouvent ici et rapportent chez eux l'information colligée sur les lieux pendant la journée, autant de points de vue, de regards sur un événement.

Le journaliste de Fox porte une chemise de style militaire kaki et un gilet pare-balles. Pourtant, son caméraman n'est vêtu que d'un simple T-shirt et de shorts, comme le reste de son équipe. Dans la rue, tout le monde est habillé en tenue de ville, comme l'envoyé spécial italien et les autres journalistes. Je porte un pantalon cargo et une chemise. Il faut croire que chez Fox, le gilet pare-balles fait partie du décor militaire.

Pour ma part, je me montre toujours réticent à le porter. Je ne le fais que lorsque c'est vraiment nécessaire. Pas que je veuille faire le brave, je ne prends jamais de risques inutiles, mais je trouve que porter un gilet pare-balles en ondes accentue l'effet dramatique. Alors, je ne l'enfile que si je sens que ma vie est réellement en danger. Et franchement, à Haïfa, nous sommes en zone de conflit, oui, dans une ville visée par des attaques de missiles, mais toutes les roquettes ont été tirées sur le quartier industriel, situé près de la mer.

Dans ce contexte, est-il utile de revêtir un gilet pare-balles ici? C'est toujours un choix personnel, mais je ne crois pas que ce soit justifié dans les circonstances. Yanni et moi avons apporté les nôtres, bien sûr, ils sont d'ailleurs dans le coffre du taxi, au cas où. Mon voisin italien, qui vient de terminer son reportage, me lance un sourire moqueur en montrant du doigt notre collègue américain. Je me dis qu'il en pense la même chose que moi.

« Hé, Michel! tu nous entends? C'est le studio, à Montréal, je te mets en ondes avec Pierre Bruneau. » La voix familière transmise par mon écouteur me sort de ma torpeur. C'est à mon tour.

>>>

Après mon direct au bulletin de 18 heures de TVA, Yanni et moi reprenons la route vers Tel-Aviv. En chemin, nous croisons beaucoup de policiers et de militaires. Il y a des barrages routiers aussi. Étrangement, c'est tout ce qui nous rappelle que nous sommes dans un pays en guerre. Les sirènes semblent endormies pour la nuit, la ville dort. Mon chauffeur de taxi siffle en tentant de suivre la musique disco qui joue à la radio. Qu'est-ce qui permet à un peuple de retourner aussi facilement à une vie normale, de faire comme si rien ne s'était passé aujourd'hui ? L'habitude, sans doute. Quant à nous, nous dormirons à Tel-Aviv, où nous serons en sécurité, car la ville est hors de portée des Katioucha du Hezbollah.

À mon réveil, CNN annonce que Haïfa a été la cible d'une nouvelle attaque à la roquette pendant la nuit. Le chauffeur de taxi nous attend déjà dans le lobby de l'hôtel.

« Ça ne t'inquiète pas ? lui dis-je.

— Non, pas ici, pas à Tel-Aviv. Ici, la vie continue, on sort dans les discos, on vit la belle vie, il y a la plage. Mais, en même temps, en dedans de nous, il y a toujours cette crainte. Tu sais, Michel, nous sommes un tout petit pays. Et nous avons beaucoup d'ennemis, beaucoup. On s'amuse, car il faut bien vivre. Mais on n'oublie jamais complètement qu'on est menacés. Et ce qui se passe dans le Sud nous le rappelle. Heureusement, nos soldats vont régler le cas du Hezbollah une fois pour toutes.

— Tu crois vraiment ? »

Il se contente de sourire.

« Dis-moi, quel âge as-tu ?

— J'ai vingt ans.

— Bon, je comprends. Allez, on fonce. »

Tel-Aviv bourdonne comme le font les métropoles du monde, alors qu'à quelques dizaines de kilomètres de là à peine, la guerre fait rage. L'habitude encore, j'imagine.

En arrivant à Haïfa, le scénario de la veille se répète, les sirènes d'alarme retentissent de nouveau à travers la ville, un missile vient de tomber près du port.

Encore une fois, les rues sont désertes. Haïfa est pourtant réputée pour ses embouteillages monstres. Mais, réfugiés dans leurs abris, ses habitants retiennent leur souffle. La grande ville du nord offre encore le spectacle d'une ville abandonnée, attendant dans le silence le prochain coup.

Par-dessus le cri des sirènes résonne celui d'une ambulance. Elle nous croise à toute vitesse. Il y a des blessés. La roquette a frappé un quartier résidentiel. Une foule se presse autour d'un édifice endommagé. Les policiers surveillent les lieux. Heureusement, il s'agit d'un édifice inhabité. Les dégâts ne semblent que matériels. Mais d'où venaient les blessés ? Un homme m'indique qu'un autre missile a frappé juste derrière, sur l'autre rue.

Sur place, nous constatons cette fois que les dégâts sont plus importants. Venue de la mer, la roquette a frappé de plein fouet un édifice de deux étages en construction. Mais la déflagration a été si violente qu'elle a causé des dommages importants aux résidences voisines. Plusieurs de celles-ci ont été touchées. Un homme me montre sa maison. Les fenêtres ont été soufflées.

« C'est un miracle, ma femme venait tout juste de quitter la cuisine, dit-il. Regardez le verre. Il y en a partout. »

L'intérieur de son appartement a été complètement rasé. Le verre, en volant en éclats, s'est transformé en mille dagues meurtrières et acérées qui sont allées se planter sur les portes et les murs. Certaines ont pénétré profondément le bois, signe que le choc a été violent.

« Vous imaginez si nous avions été encore là ? ajoute l'homme, le front en sueur, les yeux exorbités. C'est toujours comme ça. C'était inévitable. Chaque jour, nous entendons des missiles passer tout près. La plupart du temps, ils tombent dans la mer, devant, là. Vous savez, on entend très bien le sifflement et le bruit qu'ils font lorsqu'ils frappent l'eau. On ne s'habitue pas à ça. On a toujours peur. La peur, on la sent ici, monsieur. Vous comprenez ? On la sent, car on entend son chant tous les jours, et aujourd'hui, on la voit. Et ce sont nos frères là-bas qui ont fait ça. » L'homme pleure. Ses mains tremblent.

« Je suis arabe, je suis musulman. Je n'en peux plus de cette guerre. »

Certaines résidences ont pratiquement été détruites. Il y a plusieurs blessés, mais par miracle, pas de morts. Toutes les victimes sont palestiniennes.

Les bombes aveugles frappent sans distinction, sans choisir leur cible. Et aujourd'hui, le sort a voulu qu'elles tombent sur ce quartier arabe.

>>>

L'harmonie qui existait entre Juifs et Arabes aura sans doute été une des grandes victimes des attaques de roquettes à Haïfa. Après la guerre, les Juifs pardonneront difficilement à leurs voisins arabes de ne pas avoir critiqué publiquement le chef du Hezbollah, Hassan Nasrallah, responsable des attaques. Ils considéreront cette attitude comme une trahison. Les Arabes, de leur côté, oublieront difficilement que la quasi-totalité des Juifs de Haïfa ont soutenu la guerre contre le Liban. La guerre aura ébranlé la confiance qui régnait entre Arabes et Juifs à Haïfa, elle aura introduit le doute, la méfiance.

>>>

Pour Yanni et moi, il est temps de quitter Israël. Les évacuations de ressortissants étrangers commencent au Liban. Quarante mille citoyens se trouvent coincés dans le pays. L'aéroport étant toujours inutilisable, les évacuations devront se faire par la mer. Une opération à grande échelle s'amorce, compliquée par le blocus naval de la marine israélienne, qui contrôle les entrées et sorties des navires. Un premier contingent de Canadiens s'apprête à prendre la mer à bord d'un traversier à destination de Chypre. Voilà pour nous un nouvel angle local dans ce conflit du Moyen-Orient. Il faut y aller.

Chypre

Je quitte Israël sans avoir vu Jérusalem. De ce pays, dont l'histoire et les légendes ont bercé mon enfance, je n'aurai vu que Tel-Aviv, une ville sans âme ni charme, une autoroute moderne, et Haïfa désertée. Il faudra revenir en touriste pour le découvrir vraiment.

Mais pendant que la Terre Sainte s'efface lentement sous moi, c'est un souci plus prosaïque qui me chicote. Je n'ai pas réussi à trouver une chambre à Larnaka. Et ça, c'est un problème bien concret. Car, en plus d'un endroit pour dormir, il nous faut une place où ranger nos bagages et notre équipement. Yanni et moi ne pouvons le traîner avec nous et travailler en même temps. Nous sommes des dizaines de journalistes, venus de partout, à nous diriger vers cette petite ville portuaire de la partie grecque de Chypre. Sans compter les équipes de secouristes, les organisations charitables et le personnel dépêché par les ambassades de tous les pays qui tentent de faire évacuer leurs ressortissants du Liban.

Larnaka est littéralement prise d'assaut, ses hôtels débordent. Soulagement, en arrivant à l'aéroport, par téléphone, je réussis à trouver une chambre dans un petit établissement. Une, pas deux. Le gérant me promet qu'il me la réserve.

« Pas de problème, dit-il, je vous attends. »

Il n'y a qu'un lit, mais bon, l'important, c'est d'avoir trouvé un endroit sûr où déposer nos affaires. Rassurés, Yanni et moi en profitons pour terminer le montage du dernier reportage que nous avons tourné en Israël, en attendant nos bagages. Assis par terre, dans un coin près des toilettes, nous complétons le montage à la hâte. Il faut faire vite.

« Hé ! Yanni, avec moi, tu voyages en première classe !

— Tu parles, ouais ! »

Quand nous mettons la dernière image en place, les voyageurs sont tous partis, nos bagages nous attendent, seuls sur le carrousel immobile.

L'aéroport est vide. Je ne m'inquiète pas, notre chambre nous attend. Pas de problème, comme l'a si bien dit l'hôtelier.

Nous sautons dans un taxi. Notre hôtel est situé dans un joli quartier touristique, près du port. Il se fait tard, il est 22 heures. Avec le décalage horaire, j'ai encore deux heures pour alimenter mon reportage à Montréal. C'est serré, mais pour l'instant, ça va.

Mais, problème, il n'y a plus de chambres. Le gérant m'explique que celle que nous avions réservée a été louée à des journalistes américains.

« Quoi ? Vous avez loué notre chambre ? Ce n'est pas possible ! »

J'ai beau protester, monter le ton, rien à faire.

« Il n'y a plus de chambres, monsieur, se contente de répéter le gérant, visiblement insensible à mes angoisses.

— Et si je suis prêt à payer le double, hein ? Pour le double du prix, y a-t-il des chambres dans votre hôtel ?

— Non, non », dit-il. Mais son ton devient soudainement hésitant.

Sentant l'ouverture, j'insiste. « Le double et comptant, pour vous, mon cher. »

L'homme se met à fouiller dans un grand livre où les réservations sont gribouillées à la main, sans ordre apparent.

« À moins que… Laissez-moi voir, peut-être ici, oui, oui, peut-être la 22. Oui, j'avais oublié la 22. C'est une petite chambre, vous savez.

— Je n'en doute pas. Elle fera l'affaire, je la prends. »

Après avoir déposé nos bagages et notre matériel dans la chambre, petite en effet, nous nous précipitons vers le port. D'abord, il faut acheminer notre dernier reportage, rapporté d'Israël, et ensuite vérifier l'heure d'arrivée du bateau transportant les réfugiés canadiens.

Malgré l'heure avancée, le port grouille d'activité. Des dizaines d'équipes journalistiques occupent l'endroit et ont formé un petit village média. Une communauté multinationale où je reconnais certains visages familiers. Car ce sont souvent les mêmes techniciens qui se promènent de crise en crise, passant des semaines, voire des mois, dans une chambre d'hôtel ou un camion transformé en studio d'alimentation. Collés sur l'action, ils n'en voient le plus souvent que les images qu'on leur apporte et qu'ils expédient à travers le monde.

Encore une fois, comme à Haïfa, tous les grands réseaux américains sont présents : CBS, NBC, ABC, Fox et CNN. Il y a également plusieurs agences européennes et une multitude de petits indépendants qui louent leurs services à des équipes comme celle que Yanni et moi formons.

Le lendemain, nous sommes plusieurs journalistes canadiens sur le quai à attendre l'arrivée des premiers évacués. Avec la petite ville de Mersin, en Turquie, Larnaka est l'un des deux points de chute des évacués. Les armateurs font certainement des affaires d'or, car presque tous les navires disponibles dans la région ont été loués par les États cherchant à rapatrier leurs ressortissants. Des traversiers, des paquebots grecs, des catamarans, tous les moyens sont bons pour sortir au plus vite du Liban. Les bateaux entrent, déchargent leur cargaison de réfugiés, et repartent pour le Liban. C'est une course effrénée contre la montre.

À leur arrivée, les passagers sont rapidement pris en charge, amenés dans des centres où ils pourront manger, se doucher, dormir, avant d'être rapatriés par avion. Chypre n'est pour eux qu'une escale, une étape dans un imposant système d'évacuation à grande échelle, mis en place à la hâte. À l'aéroport, les avions décollent et atterrissent au rythme du trafic maritime. Ceux qui partent de Larnaka sont aussitôt remplacés par de nouveaux arrivants. Les étrangers et ressortissants quittent le Liban attaqué en masse, le plus rapidement possible. Avec ses coquettes maisons bleues et blanches, Larnaka est une jolie petite ville méditerranéenne. Encore un beau coin à visiter en d'autres temps, me dis-je.

Le *Blue Dawn*, avec ses passagers canadiens, entre finalement dans le port de Larnaka. Une rangée de caméras scrutent son arrivée, fixent le bateau de leurs objectifs. C'est un petit navire vieillot, battant pavillon britannique. Il se traîne sur les flots, ballotté, ruisselant sous l'effort. Plusieurs des passagers sont massés sur la passerelle ou sur le pont. Certains nous saluent de la main, sans sourire. Les autorités canadiennes qui ont organisé l'arrivée tiennent les journalistes à distance. Sitôt qu'ils mettront le pied sur la terre ferme, les évacués seront poussés dans des autobus qui les attendent sur le quai.

Je m'attendais à rencontrer des Canadiens heureux d'être sortis de l'enfer, soulagés de se retrouver en sécurité. Je m'attendais à voir des visages souriants. Mais ce sont d'abord des malades qui descendent du navire. Visiblement, la traversée a été dure. Une jeune Montréalaise est débarquée en fauteuil roulant. Je lui demande : « Êtes-vous satisfaite par la façon dont vous avez été évacuée et traitée par le Canada ?

— Oh, pas du tout, pas du tout, pas du tout », murmure-t-elle d'une voix faible. Elle n'est pas la seule. La colère gronde chez les rescapés du *Blue Dawn*.

« Il n'y avait pas d'eau ni d'électricité ou de nourriture. On nous a traités comme des animaux », lance un homme.

La traversée a duré quatorze heures, quatorze interminables heures à bord d'un navire inconfortable et qui n'a manifestement pas été conçu pour transporter autant de passagers.

Une autre femme s'arrête d'elle-même devant les micros tendus. Ses yeux, plissés par la colère, mouillés par la fatigue. Elle tient à exprimer son indignation et fait le récit d'une traversée infernale.

« C'est vraiment décevant, le traitement qu'on nous a fait subir. Imaginez, quatorze heures sur ce bateau. Nous avons été ballottés par les flots comme une vulgaire coquille de noix. Tout le monde vomissait, tous les passagers, sans exception. Les enfants étaient malades. C'était invivable. Imaginez l'odeur, et pendant quatorze heures ! Personne ne devrait avoir à vivre cela. Je suis extrêmement déçue de mon pays. »

Comme les autres passagers, la Montréalaise est rapidement poussée vers l'autobus qui l'attend, puis emmenée vers un refuge. Dans quelques heures, un avion la ramènera au Canada.

Les ratés de l'opération d'évacuation canadienne contrastent avec l'efficacité constatée chez les autres pays. La France, notamment. Les navires affrétés par le gouvernement français sont à l'œuvre jour et nuit depuis le début de la semaine déjà. Et ils sont plus gros et plus confortables. Les Français se permettent même d'évacuer des ressortissants d'autres pays. La Suède a réussi à évacuer tous ses ressortissants avant qu'un seul Canadien ait mis le pied sur le quai de Larnaka.

Mon voyage m'avait permis jusqu'à présent de témoigner du climat de peur qui régnait dans le nord d'Israël et des conditions très difficiles dans lesquelles s'effectuait l'évacuation de nos ressortissants.

Restait maintenant le Liban lui-même. Il était possible de m'y rendre à partir de Chypre, en m'embarquant sur l'un des bateaux qui servaient à évacuer les étrangers. Un groupe de journalistes se préparait d'ailleurs à partir à bord d'un paquebot grec, affrété par le gouvernement français. Il y avait un os cependant. La compagnie d'assurances de TVA refusait de nous laisser y aller. Trop risqué à son goût. Les journalistes en voyage ou en reportage à l'étranger sont couverts par des polices d'assurance spéciales. Et dans ce milieu, la prime augmente avec le risque. Il n'est pas rare de devoir payer des milliers de dollars par jour lorsqu'une équipe se rend en zone de guerre. J'étais frustré de constater que, après avoir réussi à me rendre jusqu'ici, au bout du monde, où je me débattais comme je le pouvais, j'étais maintenant paralysé pour des questions de plomberie. Mais ça fait aussi partie du travail.

Le bateau partait à minuit. Et en marchant vers l'hôtel, je me résignais lentement à l'idée de le regarder partir sans Yanni et moi. Soudain, mon téléphone sonne. Je reconnais de nouveau la voix fébrile de Serge Fortin.

« Michel, peux-tu entrer au Liban ?

— Oui, Serge, j'ai déjà fait toutes les démarches auprès des Français. Ils sont prêts à nous laisser monter à bord de leur navire. Ce n'est pas ici que ça bloque, tu sais.

— C'est un *go*. Tu y vas.

— Et les assurances ? dis-je, étonné.

— Il n'y a plus de problème. C'est réglé. »

Le journalisme télé est un travail d'équipe. Il restait à demander à Yanni s'il était prêt à y aller. « Nous avons l'autorisation d'aller au Liban.

— Qu'est-ce que t'en penses, Michel ?

— Je ne te dirai pas qu'il n'y a aucun risque. La guerre fait rage là-bas, on le sait. Mais les bombardements sont concentrés sur le sud de Beyrouth. Il y a déjà plusieurs correspondants étrangers sur place et tout se passe bien. Je ne vois pas pourquoi ce serait différent pour nous. »

Yanni, qui ne s'était jamais retrouvé en zone de guerre, m'écoutait en silence. Il y avait un peu d'inquiétude dans son regard, dans le mien aussi. J'éprouvais de nouveau cette impression unique, mélange d'anxiété et d'excitation, qui me traverse chaque fois que je m'approche du danger. Sentiment d'excitation pour le journaliste de se retrouver si près de l'action, et inquiétude de l'homme face aux risques.

« Si tu penses que c'est correct, je te suis, Michel.

— Bon, c'est d'accord, on ramasse nos affaires à l'hôtel en toute vitesse et on retourne au port, Yanni. »

Le Liban

Le paquebot battant pavillon grec est amarré à l'extrémité d'un quai faiblement éclairé. On y monte par une large porte qui s'ouvre à l'arrière, comme on en trouve sur les avions de transport. Des débardeurs s'affairent encore dans la lumière blafarde de la nuit à embarquer du matériel. Je remets à l'homme qui semble responsable de la sécurité le laissez-passer que m'ont donné les autorités françaises. Souriant, il nous assigne une cabine. Ah! Un lit!

« Yanni, je prends le lit d'en haut. Bonne nuit! »

Il ne me faut que quelques secondes pour trouver le sommeil.

Quand j'ouvre les yeux, le jour est levé depuis longtemps. Je monte sur le pont. Le navire fonce sur Beyrouth à pleins gaz. La mer est houleuse, mais on sent à peine les vagues. Le navire ne tangue pas, c'est à peine s'il roule sur les flots. Il y a une infirmerie avec du personnel médical, un service de soutien psycho-logique, de larges sièges moelleux dans lesquels on peut se caler pour regarder l'horizon. Le luxe offert aux réfugiés français contraste avec la rigueur des conditions dans lesquelles les Canadiens ont voyagé sur le *Blue Dawn*.

Huit heures après avoir quitté Chypre, on aper-çoit Beyrouth qui se dessine au loin. Par la mer, on a le temps d'apprivoiser la ville. Elle se dévoile gra-duellement. D'abord une mince ligne, à peine une ombre sur l'horizon, elle se dresse ensuite lentement devant nous à mesure que nous nous en approchons. Beyrouth est encerclée de bâtiments militaires qui imposent un blocus implacable. L'image me rappelle que le pays est en guerre.

Une fois que nous avons accosté, nous som-mes conduits vers un poste de douane improvisé. Pendant que Yanni et moi attendons notre tour, je remarque un taxi garé seul dans une petite allée. Je le hèle. Le chauffeur accepte de nous attendre et de nous conduire à l'hôtel. Il se nomme Zoueh. C'est un vieil homme rusé qui connaît tout le monde. J'ai trouvé mon *fixer*.

Sur les recommandations d'un technicien français que j'ai connu en Haïti, nous nous installons à l'Intercontinental, un hôtel chic avec vue sur la mer et ses navires de guerre en rade. J'ai appris avec le temps à écouter et à apprécier les suggestions de mes collègues de l'Hexagone qui, où que nous soyons, trouvent toujours l'hôtel avec le meilleur restaurant. Ils ne s'étaient pas trompés cette fois non plus.

Dans les jours qui suivent, je découvre Beyrouth, ville assiégée. La première guerre avec Israël, au début des années 1980, a laissé des cicatrices encore visibles. Et la capitale du Liban se retrouve plongée dans la guerre, devenant une fois de plus une cible pour l'aviation israélienne qui domine le ciel et la mer sans partage, frappant à volonté. Malgré cette domination, le Hezbollah garde son emprise sur des quartiers complets de la capitale.

Sauf que les dégâts sont considérables, les cicatrices laissées par les bombardements, béantes. Surtout dans le Sud, fief du mouvement chiite. Des quartiers entiers ont été rasés par les bombes, soufflés littéralement, réduits en amas de pierres informes. Certaines rues ont été épargnées, sans raison apparente, la chance peut-être. Parfois, entre deux édifices intacts, un autre a été réduit en cendre.

Les hommes du Hezbollah exercent un contrôle absolu du sud de la ville. Et y pénétrer n'est pas chose facile. Mais Zoueh accepte de nous y conduire. Je le sens nerveux, par contre. Les militants du Hezbollah ne portent pas de vêtements militaires, mais ils sont faciles à reconnaître. Jeunes, pour la plupart, à pied ou en moto, rien ne leur échappe.

Nous sommes d'ailleurs rapidement interceptés par un motard.

Zoueh lui explique que nous sommes des journalistes canadiens. La caméra de Yanni tourne discrètement pendant la négociation. Le militant nous force à le suivre et surtout à obéir à ses consignes. Il nous dit ce que l'on peut filmer et ce qui nous est interdit de montrer. Ces directives répondent à des enjeux stratégiques qui nous sont inconnus, mais nous nous y conformons sous peine d'être expulsés, ou pire.

Même si les rues sont pratiquement désertes, il y règne une grande nervosité. On entend au loin le grondement des avions israéliens dans le ciel, la menace plane. Les bombardements ont fait des dégâts considérables, les attaques aériennes ont visiblement fait mal, mais ils n'ont pas réussi à élimer l'autorité du Hezbollah dans la région. Ici, ce ne sont pas les policiers ou les soldats de l'armée qui font la loi, mais ces jeunes militants chiites.

Le Hezbollah tient aussi cette légitimité du rôle humanitaire qu'il joue.

C'est lui qui s'occupe des réfugiés, des milliers de sans-abri de la guerre.

Alors que les ressortissants étrangers continuent de fuir la capitale, des dizaines de milliers de Libanais du sud du pays, encore plus durement frappé par l'armée israélienne, viennent y chercher refuge. Ils n'ont nulle part où aller, sinon les nombreux camps que le Hezbollah a mis sur pied pour les accueillir. Ils y sont logés et nourris gratuitement.

Ces camps sont souvent installés dans des écoles. L'un d'eux se trouve dans le quartier chrétien. Encore une fois, nous sommes repérés et abordés sitôt que nous mettons les pieds dans la cour de l'établissement. Deux hommes nous conduisent dans un bureau de l'autre côté de la rue, où nous sommes interrogés. Encore une fois, il nous faut obtenir l'autorisation du Hezbollah pour faire notre travail. Après plus d'une heure de négociation, après avoir montré nos passeports canadiens, nos cartes de presse, montré patte blanche, le responsable du camp nous autorise finalement à le visiter.

Mais un militant armé est assigné à nous suivre, à nous surveiller. Il intervient souvent, nous empêche de filmer telle portion de l'édifice ou telle portion de rue. Nous devons constamment négocier. Cela nous complique sérieusement la tâche, la rend longue et fastidieuse. Mais au moins, nous sommes là.

Cinq cents réfugiés vivent entassés dans l'école, des familles entières. Les enfants jouent dans la cour intérieure, les femmes font la cuisine, les hommes restent là, à l'ombre. Ils semblent parler librement, exprimant leur colère. Plusieurs d'entre eux en veulent aux Occidentaux. Ils nous accusent de les avoir abandonnés. « Les Israéliens ont bombardé ma maison et j'avais peur pour mes enfants, m'explique un homme. Mais moi, je n'ai pas peur. Ici, nous nous sentons en sécurité. Hassan Nasrallah, le chef du Hezbollah, nous protège. »

Clairement, pour ces gens, si Israël est l'ennemi, le protecteur, c'est le Hezbollah. Voyant notre caméra, des hommes se mettent à chanter les louanges du chef chiite. Un chœur qui s'élève telle une prière, une incantation, une profession de foi, qui résonne comme une menace aussi, comme un chant de guerre.

La colère et la rancœur, la haine, c'est à peu près tout ce que les bombes israéliennes ont laissé à ces gens. Elles ont détruit leurs maisons, tué leurs familles, elles les ont réduits à l'état de réfugiés.

« Si nous ne nous occupons pas d'eux, personne ne le fera. Ils n'ont que nous, m'explique un responsable. Vous savez, il y a plusieurs façons de combattre Israël. Nous incarnons à notre manière la résistance à l'envahisseur juif. Certains de nos frères le combattent avec des roquettes, d'autres, avec leur cœur. Mais tous, nous menons le même combat, tous, nous luttons contre le même ennemi. »

L'action humanitaire du Hezbollah contribue à sa popularité et au recrutement de ses futurs membres. Les enfants nés dans ces camps seront élevés dans le culte du mouvement chiite et alimenteront plus tard les rangs de sa milice.

>>>

L'invasion du sud du pays par les forces terrestres israéliennes fera augmenter le nombre de réfugiés. Des milliers de Libanais fuient leurs villages du sud et cherchent refuge au nord. Certaines petites villes se retrouvent littéralement envahies par le flot de réfugiés. C'est le cas du village de Keyfoun, situé à une vingtaine de kilomètres au sud de Beyrouth. Il faut monter pendant vingt kilomètres pour atteindre ce village niché au sommet des montagnes. L'air frais de Keyfoun y attire chaque été de nombreux Beyrouthins cherchant à fuir la chaleur étouffante de la capitale.

Mais aujourd'hui, ce sont les bombes que les Libanais cherchent à fuir. Le village de cinq mille habitants est submergé par soixante mille réfugiés. Keyfoun est une communauté sunnite, mais les réfugiés venus du sud sont chiites. Et avec eux est venu le Hezbollah. Des collègues français m'ont prévenu : « Ne sors pas ta caméra sans avoir d'abord rencontré le maire et obtenu son aval. Sinon, c'est carrément dangereux. »

Je n'ai pas de difficulté à trouver le maire à l'hôtel de ville. Et, heureusement, il accepte de nous accompagner. Heureusement, car malgré sa présence à nos côtés, nous sommes aussitôt interceptés par des militants du Hezbollah ouvertement hostiles. Le maire intervient en notre faveur, leur explique longuement qu'ils ont avantage à ce que le monde voie les conséquences des bombardements israéliens, et réussit à les calmer. Un militant est néanmoins assigné à nous suivre. Au moins, on peut continuer.

Le maire nous fait faire un tour de sa ville. Les rues sont bondées, embouteillées. Il y a du monde partout, les balcons débordent, les cours aussi.

« Ils viennent du Sud pour la plupart, explique le maire. Certains sont venus de la capitale. »

Il me montre une petite école dans un quartier résidentiel.

« Il y a mille personnes qui vivent là. Elles sont venues du Sud, de Beyrouth aussi.

— Vous voulez dire qu'ils se sont installés dans l'école et qu'ils y vivent maintenant ?

— Oui, ils vivent dans l'école. Ils n'ont pas d'autre endroit où aller. Que voulez-vous qu'on fasse d'autre ? »

Les édifices à logements débordent également. « Soixante personnes vivaient dans celui-ci avant la guerre et ils sont maintenant plus de six cents, dit-il en me montrant un édifice qui compte une dizaine de logements. Sur chaque étage, dans chaque appartement, deux ou trois familles vivent serrées les unes contre les autres. Il y a beaucoup de maladies, beaucoup de gens qui ont faim. Il faut trouver à loger ces gens, il faut les nourrir, les soigner. C'est une catastrophe humaine, vous savez. » En effet, c'en est une.

Dans un de ces appartements que nous visitons, une soixantaine de personnes vivent entassées. Soixante personnes, dont trente-huit enfants, pour quatre chambres, une toilette et une cuisine.

Les enfants jouent, courent d'une pièce à l'autre. Il y a des bébés qui pleurent. Youssef Ziad s'est réfugié ici avec sa femme et ses trois filles. Les bombardements ont détruit son commerce d'automobiles et sa maison à Tyr, l'une des villes les plus durement frappées.

L'homme d'affaires d'une quarantaine d'années raconte qu'il n'avait pas d'autre choix que de partir, que lui et sa famille ont échappé à la mort de justesse.

Ils vivent ici dans l'incertitude et la peur maintenant. « Tout ce que nous avons à manger, aujourd'hui, ce sont des œufs et des pommes de terre. Demain ? Je ne sais pas », dit-il.

Les Ziad sont partis si vite qu'ils n'ont même pas eu le temps d'emporter des vêtements. Ils ne possèdent que ceux qu'ils ont sur le dos. Ils les lavent lorsqu'il y a suffisamment d'eau. Et il ne leur reste presque plus d'argent.

« Il nous en reste à peine pour tenir quelques jours, tout au plus. Après cela, je n'ai plus rien pour soutenir ma famille. Rien. » L'homme se tient debout près de la porte. Il fixe le sol, impuissant. Au moins, ils ont un toit.

Hussein, le propriétaire de l'appartement, héberge gratuitement mille personnes dans les quatre immeubles qu'il possède. « Bien sûr que ça me coûte de l'argent. Mais ces gens n'ont rien. Je ne peux pas les laisser à la rue. Il faut s'entraider, entre Libanais. C'est comme ça. C'est mon devoir de les aider. » Cette solidarité permet d'attendre des jours meilleurs. Les résidents, comme Hussein, font ce qu'ils peuvent pour venir en aide aux réfugiés. La situation devient intenable. Cent cinquante nouvelles familles arrivent à Keyfoun chaque jour. Il n'y a déjà plus de place pour les loger.

À l'épicerie, une longue file de clients attend devant la caisse. Le propriétaire m'explique qu'il peine à suffire à la demande… « Je dois chaque jour aller plus loin pour trouver des denrées. C'est de plus en plus difficile. Plusieurs routes ont été détruites. Je n'ai qu'un petit magasin, moi. Je n'ai pas les moyens de nourrir tous ces gens ! »

Et il y a un autre problème : l'eau. La ville en distribue gratuitement aux réfugiés. Mais elle aussi arrive au bout de ses ressources.

« Il nous reste suffisamment d'argent pour tenir la semaine, explique le maire d'un ton résigné. Une semaine, c'est tout.

— Que va-t-il se passer ensuite, monsieur le maire ? »

L'homme hausse les épaules, impuissant. « Je ne sais pas, je ne sais pas. *Inch Allah !* »

Après avoir remercié le maire, nous nous apprêtons à partir. Il est temps. Il règne une tension indescriptible dans le village, et notre présence commence à rendre les hommes du Hezbollah nerveux. Les gestes d'hostilité à notre endroit, malgré la présence du maire à nos côtés, se multiplient.

J'ai un direct téléphonique à faire à *Salut, Bonjour !*, la populaire émission matinale de TVA. Par mesure de prudence, je décide de sortir d'abord du village et de m'arrêter un peu plus loin. Zoueh se gare en bordure de la route, près d'une ferme. Je laisse Yanni et Zoueh dans la voiture et m'éloigne un peu pour m'isoler. J'appelle Montréal sur mon téléphone satellite. Ces appareils permettent d'appeler de n'importe quel point sur la terre, à condition d'être à découvert, puisqu'ils se connectent directement à un réseau de satellites. Je m'installe derrière un petit édifice abandonné, m'assois sur le sol, alors que l'assistante de la régie de production à Montréal me met en attente. J'attends de longues minutes, pendant lesquelles j'entends l'émission en cours. Étrange situation que d'être assis sur une grosse pierre, à Keyfoun, sous le soleil de midi, à écouter les blagues que s'échangent les animateurs. Tout cela me semble si lointain.

Soudain, alors que j'attends patiemment mon tour, Zoueh surgit en courant. « Vite, Michel, on part tout de suite ! » Il fait de grands signes avec ses bras. C'est la première fois que je le vois si nerveux. Il se passe quelque chose de grave. Tant pis pour *Salut, Bonjour !* Je raccroche et m'élance derrière lui. Dans la voiture, Yanni tremble. Je saute derrière, Zoueh démarre et accélère rapidement.

« Que se passe-t-il ? Qu'est-il arrivé ? »

Yanni se retourne, le front plissé, il est en sueur. Ses yeux bleus, qui font de lui un charmeur hors pair auprès de la gent féminine, sont sombres. « Pendant que tu étais de l'autre côté, un homme, un jeune du Hezbollah, est arrivé à notre hauteur. Il n'était visiblement pas content de nous voir encore là. Il est sorti de son auto, est venu vers moi et a pointé son arme dans ma direction en criant je ne sais quoi en arabe.

— Il nous a dit de déguerpir au plus vite, sinon…
raconte Zoueh. Il était énervé. Je l'ai calmé, je lui ai
dit qu'on allait partir, de juste me laisser le temps
d'aller te chercher.

— Crisse ! Michel, j'ai failli me faire tirer ! » Yanni
semble figé, les yeux exorbités, la bouche ouverte,
interloqué. Il est sonné, avec raison.

Nous avons fait le chemin du retour en silence.
Encore une fois, le danger se manifestait où on ne l'attendait pas. Nous avions visité les quartiers ciblés par
l'aviation israélienne, nous entendions ses bombardiers tout près, nous avions négocié avec des milices,
nous étions à la merci d'hommes armés dont nous
ne savions rien, et c'est sur une route de campagne
tranquille que la mort s'est pointé le nez, comme pour
nous rappeler que nous restions vulnérables, extrêmement vulnérables. Je nous pensais à l'abri à l'extérieur de la ville, mais les événements me rappelaient
que dans un pays en guerre, nous ne l'étions nulle
part.

>>>

Pendant que les réfugiés continuaient d'affluer vers
le nord du pays pour fuir les bombes israéliennes,
les ressortissants étrangers, eux, poursuivaient leur
propre exode.

Le Canada était l'un des pays qui comptaient
le plus grand nombre de ressortissants, ce qui rendait l'opération d'évacuation difficile. Les membres
du personnel de l'ambassade avaient beau faire leur

possible, ils n'étaient qu'une poignée pour répondre à des milliers de ressortissants qui formaient une file interminable devant l'ambassade. Les gens attendaient des heures, sous un soleil de plomb.

Une fois que les Canadiens avaient obtenu leur autorisation, ils étaient dirigés au BIEL, dans le port, où ils devaient attendre d'avoir une place sur un bateau.

Parqués dans une grande salle, les gens campaient par terre, certains devant patienter plusieurs jours avant de finalement recevoir leur billet.

Une attente longue, difficile, lorsque l'esprit est habité d'images de la guerre qui refusent de s'en aller. Plusieurs enfants avaient du mal à dormir, à cause des cauchemars, à cause des souvenirs qui revenaient les hanter de leurs proches tués, de leur maison détruite. Les nombreux contrôles imposés par l'armée israélienne venaient compliquer encore davantage l'évacuation des ressortissants étrangers.

L'autre problème auquel les autorités canadiennes devaient faire face, c'est qu'elles n'arrivaient pas à trouver suffisamment de bateaux. Et ceux qu'elles trouvaient, tel le *Blue Dawn*, étaient petits et inconfortables.

À ce rythme, il avait fallu une bonne semaine pour arriver à évacuer tous les ressortissants canadiens qui désiraient partir. Le dernier navire transportant des réfugiés canadiens se préparait maintenant à quitter le Liban. Comme il restait des places, Yanni et moi avions décidé de monter à bord, afin de vivre le voyage avec les autres évacués. Il y avait là un autre angle local pour nous.

J'étais à la fois heureux et triste de partir. Heureux, car j'allais pouvoir constater en personne dans quelles conditions se faisait l'évacuation qui avait suscité tant de mécontentement chez les passagers du *Blue Dawn*, et triste, car je quittais le Liban. J'aurais voulu rester encore un peu plus longtemps et me rendre dans le sud du pays. L'activité était encore aussi fébrile dans le port de Beyrouth malgré les jours qui passaient. Plusieurs autres navires, comme le nôtre, se préparaient à prendre la mer ce jour-là, à destination de Larnaka ou Mersin, en Turquie.

À 16 h 30, avec quatre cents autres Canadiens, Yanni et moi nous préparons à entreprendre un nouveau voyage. Quatre cents Canadiens prêts à traverser la Méditerranée pour fuir la guerre. Peu d'entre eux ont pourtant le cœur à la fête. «C'est vraiment triste, mais c'est la seule option pour mettre ma famille à l'abri. Nous reviendrons dès que possible», m'explique un père de famille qui monte en même temps que moi. Après avoir fait nos adieux à Zoueh, Yanni et moi montons avec les autres Canadiens à bord du *Guiniz*. Le *Guiniz* ressemble au *Blue Dawn*. C'est un petit traversier turc, affrété par le gouvernement canadien.

Alors que le *Guiniz* s'éloigne lentement de la côte du Liban, le bruit des bombes se met à retentir dans le ciel de la capitale. Les bombes tombent à nouveau sur Beyrouth. Elles tombent dans un interminable sifflement qui se termine par un lourd grondement faisant trembler la ville, un tonnerre.

Les passagers du *Guiniz* se sont tous regroupés sur le pont et les passerelles. Serrés les uns contre les autres, ils observent l'horreur dans le silence. Huit cents yeux fixent les longues cheminées qui s'élèvent dans le ciel de Beyrouth, de longues cicatrices qui rappellent à tous qu'ils seront bientôt à l'abri, mais que la guerre continue pour les proches qu'ils laissent derrière eux.

Sur le pont, une jeune femme, les larmes aux yeux, tient sa fille par la main.

« Maman, je ne veux pas aller en Turquie.

— Où veux-tu aller, ma fille ? » Elle lui parle tout doucement, comme pour la bercer.

« Je veux aller à Beyrouth, je veux aller voir papa. »

La fillette sanglote. Dans son monde, les choses sont si simples.

« Plus tard, ma chérie, plus tard. » La mère peine pour garder sa contenance devant sa fille.

« Papa va nous rejoindre plus tard, ma chérie. »

Je m'approche d'elles. « Pourquoi votre mari est-il resté là-bas ?

— Il ne voulait pas laisser ses parents seuls. Ils sont vieux et ils ont peur. Alors, il est resté avec eux. Je retourne à Montréal avec notre fille. » Ses yeux humides fixent les colonnes de fumée, ses lèvres tremblent.

« Je veux aller à Beyrouth, maman. » La petite se presse contre sa mère. Ses petites mains agrippent son pantalon, elle plonge son visage dans le tissu comme pour s'y cacher

« Bientôt, bientôt, ma chérie. »

>>>

Le *Guiniz* longe la côte, traverse la ville, qui défile devant ses passagers, avant de s'enfoncer lentement vers le large. Beyrouth disparaît doucement derrière nous. Bientôt, on ne voit plus que la fumée dans le ciel azur.

Une fois au large, les passagers prennent rapidement conscience que le vieux traversier turc n'a pas été conçu pour transporter autant de monde. Il manque de sièges, la climatisation ne suffit pas, il n'y a que deux canots de sauvetage pouvant accueillir en tout cent huit personnes au maximum, et nous sommes quatre cents passagers, sans compter les membres d'équipage. Un accident et c'est le drame.

De plus, le moteur poussif du *Guiniz* ne lui permet pas de suivre la cadence des autres navires qui quittent Beyrouth. Cinq bateaux, partis après nous, nous rattrapent et nous distancent rapidement. La nuit s'annonce longue pour les passagers canadiens.

Le vent se lève. Les flots ballottent le petit traversier, qui tangue de tous les côtés. À bord, les passagers souffrent, la majorité d'entre eux commencent à être malades. Une mère de trois enfants, dont un jeune bébé, complètement déshydratée par les vomissements, délire, couchée sur le plancher. Elle est sur le point de perdre connaissance. D'autres passagers, des femmes, tentent de la soigner. Mais il n'y a pas de médicaments sur le bateau, pas d'infirmerie, rien. Les enfants courent, ne se rendant pas compte de la gravité de l'état de leur mère.

Plus loin, un homme souffrant de diabète se sent très mal. Il vomit par terre. Ses voisins, aussi mal en point, tentent du mieux qu'ils peuvent de le soutenir.

Juste derrière, une femme n'arrive pas à donner le sein à son bébé, qui pleure sans comprendre.

« Je n'y arrive pas, je suis trop mal, aidez-moi », implore-t-elle en pleurant. Mais ses voisins, en bien piètre état aussi, ne peuvent pas grand-chose pour elle. La colère monte chez les passagers. Contrairement à ce que nous avons vu sur le paquebot grec affrété par la France, que nous avons emprunté pour nous rendre au Liban, il n'y a aucun personnel médical sur le *Guiniz*. En fait, il n'y a même pas de représentant du Canada. Et personne pour assurer la sécurité à bord d'un navire qui emporte plus de deux cents enfants. Le personnel ne parle que le turc. Les passagers sont laissés à eux-mêmes.

Soudain, un cri de femme déchire la nuit. En une seconde, la panique éclate parmi les passagers. Une femme a perdu sa fille de quinze ans. On craint le pire, peut-être est-elle passée par-dessus bord. Moi-même, quelques minutes auparavant, j'ai sermonné des enfants qui s'étaient assis les pieds dans le vide au-dessus de la mer, au-delà du bastingage. Avec autant de parents malades, les enfants n'ont plus aucune surveillance, la situation devient carrément dangereuse.

Les passagers organisent eux-mêmes les recherches. Tous ceux qui le peuvent y participent. Quelques minutes plus tard, l'adolescente est retrouvée saine et sauve. Soupir de soulagement.

Les heures passent. Le *Guiniz* s'enfonce lentement dans la nuit. Ses passagers dorment où ils peuvent, à même le plancher, sur le pont, sur les passerelles.

Yanni et moi nous installons à côté des autres, sur l'étage supérieur. Couché sur le plancher de métal, je regarde le ciel étoilé.

Grâce au téléphone satellite, j'ai fait plusieurs directs dans les bulletins d'information. Je suis encore une fois traversé par un mélange d'excitation et de nervosité. Nerveux, à cause de la situation difficile dans laquelle se trouvent les passagers, notamment les enfants, et excité par l'aventure et par la bonne histoire qui s'offre à moi. Le reporter est toujours habité par la même dualité. Prouvant encore une fois que j'arrive à dormir n'importe où, je m'endors bientôt profondément. Yanni aura moins de chance.

Il est 6 heures, le jour se lève, nous sommes partis depuis quatorze heures. Toujours pas de terre en vue. Heureusement, la mer s'est calmée, donnant un répit aux passagers malades. Le *Guiniz* empeste l'odeur de vomi. Les toilettes débordent littéralement, les enfants refusent d'y entrer, ce qui cause d'autres problèmes. Et on commence à manquer d'eau et de nourriture.

À 13 heures, nous apercevons finalement les côtes de la Turquie. Il aura fallu plus de vingt heures au *Guiniz* et à ses passagers pour effectuer la traversée.

Sur le quai, plusieurs équipes médicales turques nous attendent. Les secours arrivent trop tard pour plusieurs personnes, qui sont en si mauvais état qu'elles doivent être portées hors du bateau. Bon nombre d'entre elles seront emmenées en ambulance directement à l'hôpital. Une quinzaine de passagers sont évacués en fauteuils roulants. D'autres s'effondrent sur le sol, plusieurs pleurent. Ceux qui restent avancent comme des zombies vers les autobus qui les attendent.

« On nous a traités comme des bêtes, j'ai honte d'être canadienne », me dit une femme en larmes. Sa voisine, voyant ma caméra, m'agrippe le bras et me lance : « On nous traite comme des vaches. Non, des vaches seraient mieux traitées. On paie nos taxes et on nous traite comme des animaux. C'est pas un bateau pour des êtres humains, c'est un bateau fait pour des bêtes. »

Fatigue et colère se lisent sur le visage de ceux qui peuvent encore marcher, les autres sont trop mal en point pour exprimer leur mécontentement.

La scène me rappelle l'arrivée du *Blue Dawn*, à Larnaka. À la différence que le voyage du *Guiniz* a duré plus de vingt heures au lieu de quatorze. Vingt interminables heures. Une traversée infernale dans la nuit. Les bateaux qui nous ont doublés la veille sont amarrés depuis longtemps aux quais voisins. Leurs passagers ont probablement déjà quitté la ville de Mersin où nous venons d'accoster.

L'évacuation des ressortissants canadiens se sera faite dans des conditions difficiles jusqu'à la toute fin.

Les passagers du *Guiniz* seront emmenés dans un stade où ils pourront se doucher, et ils prendront plus tard l'avion vers Montréal. Ils seront en sûreté et bientôt de retour au Canada. Mais aucun de ces passagers n'oubliera la traversée cauchemardesque à bord du *Guiniz*.

>>>

Une semaine après mon retour de Turquie, j'étais finalement à Hull pour participer au Championnat québécois de vélo de montagne. J'avais disposé d'une semaine pour récupérer, pour me reposer davantage que m'entraîner, en fait. Sur la ligne de départ, pendant que le commissaire de course donnait ses dernières directives, je regardais la foule bigarrée des spectateurs. Il y avait des parents, des amis, des curieux. J'observais les autres coureurs, dans leurs maillots cintrés multicolores, chacun se concentrant à sa façon, profitant de ces dernières secondes de recueillement avant l'effort. Je connais pratiquement chaque visage. Certains chassent la nervosité en blaguant jusqu'à la dernière seconde. D'autres semblent perdus dans leurs pensées, visualisant à l'avance la course. Tous appréhendent la douleur imminente.

« Trente secondes », clame d'une voix forte le commissaire, pour que tous l'entendent. Le compte à rebours inexorable se poursuit. « Quinze secondes… Dix secondes. » Puis, le silence. Je tente de compter les dernières secondes pour anticiper le départ, le pied sur la pédale, prêt à décoller. Plus personne ne parle, les regards se fixent devant, certains surveillent le commissaire, chacun a sa manière. Moi, je regarde mon vélo. Tout est parfait, je suis prêt.

« Partez ! »

Les hommes s'élancent simultanément dans une accélération furieuse, chacun bataillant pour sa place dans le peloton. J'entends les clics des dérailleurs qui changent de vitesse. Certains jouent du coude, nos pulsations cardiaques s'emballent. Ça y est, la course est lancée. Je suis soudain si loin du Liban.

Deux heures plus tard, à bout de souffle, à bout d'énergie, mais content, je franchis la ligne d'arrivée. Je n'ai pas gagné, mais j'ai rattrapé quelques gars en fin de course et fini cinquième, à vingt secondes de mon ami et partenaire d'entraînement, le bon vieux Johnny. Lui aussi est cuit. C'est bon, compte tenu des circonstances. Le soleil brille, les copains sont là, je suis de retour chez moi.

>>>

L'angle local est parfois évident, comme dans le cas de la guerre du Liban. Parfois, il est plus subtil. Dans certains cas, il nous pousse simplement à nous intéresser à un aspect d'une situation négligé par les autres reporters.

Mont-Sainte-Anne, le 26 décembre 2004

Assis devant la télé, je regarde, hypnotisé, les images d'horreur, de destruction et d'inondations. Je n'ai jamais rien vu de tel. Une vague immense, monstrueuse, et des côtes entières dévastées, des milliers de kilomètres de rivage saccagés par la furie de l'océan. Il ne s'agit ni d'un ouragan ni d'une tornade. Le malheur a frappé sans avertir, sans prévenir. La vague rugissante a semé la mort de l'Indonésie à la Thaïlande, jusqu'au Sri Lanka, laissant derrière elle des populations en plein désarroi. Les morts s'alignent sur la plage par milliers. Le monde découvre d'heure en heure l'ampleur de la tragédie qui a frappé le bassin de l'océan Indien.

Un tsunami! Juste le mot suffit à me faire trembler. Tsunami: onde océanique engendrée par un tremblement de terre. C'est un mot japonais qui signifie «raz de marée» ou «vague». Et c'est un tsunami qui a provoqué l'hécatombe. Une vague, une vague monstrueuse partie du fond de l'océan, et qui, dans un long rugissement, s'est jetée sur les rives. Une furie aveugle venue des tréfonds qui, en quelques secondes, a semé la mort sur les côtes asiatiques.

C'est un réflexe, quand il y a une crise, j'appelle la salle des nouvelles.

«Mychel, on part?»

Mychel Saint-Louis est le cadre en fonction à RDI pendant la période des fêtes. C'est lui, le patron. Et l'idée d'envoyer une équipe en Asie en pleine période de vacances de Noël ne l'enchante guère.

«Es-tu fou? Non, non, non, c'est trop loin.

— Bon, OK, tu me tiens au courant si vous changez d'idée. Bonne année!

— Bonne année à toi, Michel.»

Sri Lanka, le 28 décembre 2004

Deux jours plus tard, je débarque à Colombo, la capitale du Sri Lanka. Nous avions opté pour ce petit pays plutôt que la Thaïlande ou l'Indonésie, aussi frappés, parce que les dommages y apparaissaient plus importants. Une fois les bilans terminés, on apprendrait que le nombre de victimes était plus élevé en Indonésie, mais par rapport à sa population totale, le Sri Lanka fut le pays le plus durement touché par le tsunami. Trente mille personnes ont perdu la vie ce jour-là.

Nous avions une autre raison de choisir cette petite île au sud de l'Inde. Trois cent mille Tamouls d'origine sri-lankaise vivent au Canada. Il s'agit de la plus importante population de Tamouls vivant à l'extérieur du Sri Lanka. Le Sri Lanka, même s'il compte une population fort diversifiée, est divisé en deux groupes ethniques et linguistiques principaux : les Tamouls et les Cinghalais. Chacun a sa langue et sa religion. La plupart des Tamouls sont hindous, et les Cinghalais, qui forment la majorité, sont bouddhistes.

Les Cinghalais sont arrivés les premiers. Ils ont colonisé l'île cinq cents ans avant notre ère. Puis, deux siècles plus tard, les Tamouls, venus du sud de l'Inde, ont tenté de conquérir l'île. Depuis ce temps, l'histoire du Sri Lanka est marquée par les conflits qui opposent les deux communautés. Encore aujourd'hui, soixante ans après avoir obtenu son indépendance, le Sri Lanka est déchiré par une violente guerre civile.

On a, d'un côté, le gouvernement central cinghalais, dont la capitale politique est Kotte et la capitale économique, Colombo, et de l'autre, les rebelles tamouls, les Tigres de libération de l'Eelam tamoul, qui contrôlent une large portion du nord du pays.

>>>

Je suis parti seul pour Colombo, sans être accompagné d'un caméraman, contrairement à la pratique normale. J'allais rejoindre l'équipe du réseau anglais de Radio-Canada, arrivée deux jours avant, avec qui je devais travailler pour partager les frais de l'opération. Colombo est située sur le côté ouest de l'île. Elle a été moins durement frappée que la côte est, d'où la vague est arrivée, et qui, elle, a été complètement ravagée.

L'étendue des dégâts rendait les communications et les transports difficiles.

À mesure que nous avancions vers le sud de l'île, la situation se dégradait.

L'un de mes premiers reportages portait sur un train que nous avions retrouvé et qui avait été emporté par le Tsunami. Des centaines de passagers ont été tués sur le coup. Les corps des victimes avaient été déposés sur le sol et plusieurs y reposaient encore lors de notre passage.

Les familles des disparus cherchaient les leurs parmi eux. Ce n'était pas facile. Au soleil et dans l'humidité, les corps se dégradent vite. Ils se gonflent, prennent une teinte jaunâtre. Leur peau s'opacifie. Une odeur, que je n'oublierai jamais, s'en dégage, se répand sur tout le village. C'est l'odeur de la mort, qui nous rappelle son omniprésence.

Alors que nous sommes en train de filmer, un homme s'approche d'une vingtaine de corps alignés à quelques mètres devant moi. Il marche d'un pas lent et lourd. Depuis combien de jours erre-t-il ainsi de village en village, remontant la côte à la recherche des siens? Soudain, il s'arrête, se fige devant l'un des cadavres alignés sur la terre battue. Il vient de reconnaître sa mère. Sans doute espérait-il encore la trouver vivante quelque part. C'est l'espoir secret qui anime ces milliers de personnes qui, comme lui, arpentent seules ou en petits groupes les décombres, à la recherche de leurs proches.

Devant ce corps inerte et déjà à moitié pourri, la réalité le rattrapa en un instant, un court instant. Ses genoux plièrent, il faillit s'effondrer, mais il resta ainsi, à demi accroupi, figé, sa main droite pointant le sol où sa mère était couchée. Il porta sa main gauche à son visage, couvrit ses yeux. Un long cri émergea de sa poitrine, un cri de détresse, un cri de mort, guttural d'abord, puis de plus en plus aigu, jusqu'à ne devenir qu'une longue plainte stridente. Il cria de longues secondes, une éternité de tristesse. Puis il se tut et resta pétrifié.

À distance, nous avons filmé la scène. La douleur de cet homme résumait pour moi le drame qui s'était joué ici. Je m'approche de lui, je ne sais trop pourquoi, pour le réconforter sans doute. Mais je n'ai pas de mots pour lui. Je ne parle même pas sa langue, et qu'y a-t-il à dire de toute façon? L'homme pleure maintenant. Il me regarde, pointant à nouveau le corps devant lui : « C'est ma mère, c'est ma mère. »

Je le regarde, impuissant. Je mets ma main sur son épaule, geste maladroit de sympathie d'un homme à un autre, un geste d'impuissance surtout. Je suis resté là quelques minutes avec lui. Que pouvais-je faire d'autre ? Comment expliquer et comprendre un drame de cette ampleur ?

L'histoire de cet homme se répétait sur des milliers de kilomètres, sur toute la côte sud, nord et ouest du Sri Lanka. Les dommages s'étendaient sur une distance équivalente à celle séparant Montréal de Baie-Comeau. Tous les villages ont été frappés, aucun n'a été épargné. Le spectacle est partout le même, où que nous allions, des maisons rasées, des corps qui jonchent le sol, des bateaux renversés, retrouvés à des kilomètres de la mer, à l'intérieur des terres, et partout cette odeur qui rôde.

>>>

Une semaine après mon arrivée, on m'envoie des renforts. Mon ami et réalisateur Luc Tremblay et le caméraman André Perron viennent me rejoindre. Je suis content de les voir, et même si je suis ici depuis peu, je me sens déjà comme un vétéran du tsunami. Être confronté quotidiennement à l'horreur, la mort et le chagrin des hommes fait vieillir, d'une certaine manière. Et je n'avais jamais vu autant de désolation sur une aussi large étendue. Personne n'avait jamais vu cela.

L'arrivée d'un caméraman et d'un réalisateur vient me faciliter les choses, même si la collaboration avec mes collègues anglophones a été excellente. Nous continuons à produire des reportages à partir de Colombo, mais Luc tient absolument à ce que nous nous rendions dans le nord du pays, dans la zone contrôlée par la guérilla tamoule. Je suis d'accord, mais ce n'est pas simple. Même si un cessez-le-feu règne alors, la tension entre les rebelles, les Tigres tamouls, et le gouvernement central reste très vive. Les Tigres ont peut-être perdu du terrain, mais ils contrôlent encore une bonne partie du nord du pays. Leur chef historique, Velupillai Prabhakaran, vit caché et reclus. Mais l'organisation a un bras politique dirigé par S. P. Tamilselvan.

Tamilselvan est un ancien enfant soldat. En 1994, comme beaucoup de jeunes tamouls de sa génération, il rejoint les rangs des Tigres. Il n'est alors qu'un adolescent, un enfant de plus dans les rangs d'une armée qui en compte des centaines, voire des milliers. Tamilselvan participe ainsi à plusieurs opérations militaires dans le nord du pays, notamment la célèbre bataille de Pooneryn. Gravement blessé à l'estomac et à une jambe, il est forcé de se retirer du service militaire actif. Bien qu'il vienne d'un milieu modeste, ses aptitudes politiques le font remarquer par Prabhakaran et lui permettent de gravir rapidement les échelons. Il dirige maintenant de Kilinochchi, la capitale des rebelles, le bras politique des Tigres. Et pour aller dans le Nord, il nous faut l'autorisation de son organisation. Nous espérons aussi obtenir une entrevue

exclusive avec lui. Dans les meilleures circonstances, cela représente déjà une mission difficile. En
pleine catastrophe naturelle, cela relève de l'exploit.
Mais Luc, avocat de formation, est un homme têtu et
méthodique.

Le bras politique des Tigres ont des bureaux et un
représentant à Colombo. À ma grande surprise, Luc
va réussir à obtenir auprès de lui un laissez-passer
et la promesse d'une entrevue avec Tamilselvan lui-
même à Kilinochchi. Cela a demandé beaucoup de
temps, d'autant plus que nous continuons à produire
des reportages quotidiennement.

Le représentant des Tigres vient nous rencontrer
dans notre chambre d'hôtel. Il tient à connaître nos
intentions. Nous lui expliquons que nous voulons
avoir un aperçu de la situation dans le nord du pays,
et savoir comment les territoires sous contrôle des
Tigres ont été touchés. J'insiste sur le fait qu'il y a
une importante population de Tamouls au Canada,
avides d'apprendre ce qui se passe dans leur mère
patrie, et que c'est notre travail de les en informer. Et
c'est vrai. Nous sommes parmi les rares journalistes
à nous intéresser au Nord, à tout le moins à nous y
intéresser autant. Pour les Français, les Allemands,
les Américains, il n'y a pas d'intérêt particulier à s'y
rendre. La désolation est partout la même, le tsunami
n'a pas fait de quartiers, n'a pas tenu compte de frontières fixées par les hommes. Mais pour nous, journalistes canadiens, le Nord est en quelque sorte notre
angle local. Il nous intéresse pour des raisons qui sont
propres au Canada.

Une fois tous nos papiers en main, nous prenons l'avion pour Jaffna, ville située à l'extrême nord du pays. Jaffna a été le théâtre de certaines des plus violentes batailles entre les Tigres et l'armée gouvernementale. Elle en porte encore les cicatrices. Les édifices détruits, fenêtres éclatées, nous rappellent que nous nous approchons d'une zone de guerre.

Le lendemain matin, nous prenons la route de Kilinochchi. Notre *fixer*, Apsara, nous accompagne. Je l'ai recrutée dans un journal de la capitale, c'est une jeune journaliste talentueuse, une aventurière, malgré ses airs de fille de bonne famille, ce qu'elle est de toute façon. La société sri-lankaise étant très conservatrice, il fallait une bonne dose d'audace pour choisir de faire carrière plutôt que d'accepter un mariage arrangé comme l'ont fait la plupart de ses amies, surtout pour accompagner des journalistes étrangers en pays ennemis.

Nous avons roulé en ne croisant pratiquement personne. À mesure que nous approchons du territoire rebelle, la route devient de plus en plus déserte, jusqu'à le devenir complètement. Le premier *check point* que nous rencontrons est tenu par l'armée sri-lankaise. C'est un poste-frontière gardé par plusieurs militaires lourdement armés. Nous présentons nos passeports aux soldats, qui les examinent minutieusement. Je m'attends au pire, mais à ma grande surprise, les soldats nous laissent passer sans problème. Une fois la guérite franchie, nous nous retrouvons en plein *no man's land*, un territoire neutre d'une dizaine de kilomètres, un territoire-tampon

qui sépare le territoire sous contrôle du gouvernement central et celui qui est contrôlé par les rebelles
tamouls.

Le *check point* tamoul est plus modeste. Un simple avant-poste surveillé par un unique soldat, kala-
chnikov autour du cou. C'est un jeune homme avec
les airs et la désinvolture d'un adolescent, un visage
d'ange en treillis militaire.

Je suis à nouveau surpris par la facilité avec
laquelle nous avons franchi cette frontière militaire.
Le garde a regardé rapidement nos passeports et
nous a fait signe de passer. Les *check points* sont souvent des endroits dangereux, je suis soulagé que nous
ayons réussi à passer sans difficulté, sans casse.

Une demi-heure plus tard, nous arrivons dans
une petite ville où, selon les directives qui nous ont
été données, nous devons prendre contact avec un
représentant des Tigres. Celui-ci doit être notre guide
en territoire rebelle, c'est-à-dire qu'il va nous surveiller, nous garder à l'œil. Cette fois, c'est plus long.
Il faut croire que, même dans les organisations militaires rebelles, la bureaucratie fait sentir sa présence.

À mesure que nous progressons en territoire
rebelle, Apsara devient de plus en plus tendue. Elle
s'enfonce en territoire hostile. C'est une jeune femme
ouverte. Elle compte des Tamouls parmi ses amis.
Mais, pour la première fois de sa vie, elle se trouve
dans un pays où, à titre de Cinghalaise, elle est mino-
ritaire, pire, elle est considérée ici comme une enne-
mie. Je me dis qu'il fallait avoir beaucoup de courage
pour accepter de nous mener jusqu'ici.

On nous a assigné un ange gardien, officiellement, un guide ; dans la réalité, un agent des Tigres chargé de nous surveiller. Il a une quarantaine d'années et parle couramment l'anglais. Sa présence à nos côtés signifie que chaque fois que nous allons nous adresser à quelqu'un, cette personne tiendra compte du représentant des Tigres qui nous accompagne. Pire, c'est lui qui nous sert de traducteur. C'est loin d'être idéal, mais je n'ai pas d'autre choix.

Le nord du pays est la région la plus durement affectée. Il ne reste plus grand-chose de la côte, ni sur plusieurs centaines de mètres de profondeur. Les Tigres, avec leur efficacité toute militaire, ont déjà nettoyé et déblayé les ruines, ramassé les débris. Cela accentue encore davantage l'impression de désolation qui règne. Notre guide nous amène dans un de ces villages rasés par le tsunami. Il n'en reste que du sable et de la poussière. Ce qui reste des habitations a été rassemblé en tas, petites pyramides misérables faisant office de tristes monuments funèbres. On dirait qu'un géant a passé le balai sur toute cette région du Sri Lanka, et laissé çà et là des amoncellements de poussière.

Un homme m'explique qu'une église se dressait là où se trouvent maintenant du sable et des pierres difformes.

« L'église était pleine pour la messe. C'étaient des chrétiens. Ils n'ont jamais vu venir la vague. Elle les a emportés en pleine prière. »

J'essayais de m'imaginer la scène. Une petite église, construite au cœur d'un petit village de pêcheurs, à deux coins de rues de la mer. Le soleil brille. Il fait danser ses reflets sur un océan de saphir, un bleu qui inspire le calme et qui apaise. Puis sans avertissement, une vague monstrueuse surgit au large, se dresse par-delà les flots. Ceux qui lui tournent le dos ne l'entendent même pas venir. Pourtant, la mort fonce sourdement sur eux, comme un squale sur sa proie. La vague s'est abattue tel un mur immense sur le petit village, elle s'est effondrée sur lui, l'a broyé sous son poids, l'a avalé d'une bouchée et n'en a recraché que des pierres et des cadavres. La moitié des habitants ont été tués.

Un peu plus loin, un homme est assis sur un tas de pierres qui composaient autrefois sa maison. Il ne pleure pas, ne sourit pas. Il reste assis en silence, seul.

L'homme m'explique qu'il était à l'extérieur du village au moment où le tsunami a frappé.

« Je suis arrivé chez moi et il ne restait plus rien, plus rien que ça, dit-il en pointant les débris autour de lui.

— Vous étiez marié ?

— Oui, nous avions deux enfants, deux filles. J'ai trouvé leurs cadavres et celui de ma femme plus loin, dans la boue. Il ne reste que moi de ma famille maintenant, que moi. »

Sa femme a été enterrée avec des dizaines d'autres victimes à la hâte, dans une fosse commune au centre de ce qui avait été un village. Il fallait agir vite, car avec la chaleur, les corps se dégradent rapidement, et pour éviter les épidémies, les autorités ont enterré les victimes dans des charniers improvisés. Celui où on a inhumé sa femme se trouve juste de l'autre côté de la rue.

« Et vos filles ?

— Elles sont sur la plage. »

L'homme se lève lentement, nous fait signe de le suivre. Sa maison n'est qu'à un jet de pierre de la mer.

La plage dans cette région du Sri Lanka est magnifique, comme la mer. Une large bande de sable pâle et fin comme de la farine s'avance dans l'eau, où se mire un ciel lumineux.

« Michel, regarde comme c'est beau. »

Mon ami Luc, comme moi, a de la difficulté à imaginer qu'un endroit aussi idyllique puisse avoir été la scène de pareille horreur.

« On voudrait tous vivre ici, non ? Regarde le sable, la plage. Je n'arrive pas à m'imaginer ce qui s'est passé, et que ça s'est passé ici. On dirait que ça ne me rentre pas dans la tête. »

Le même sentiment m'habite depuis que j'ai mis les pieds au Sri Lanka.

« Oui, Luc, beauté et horreur sont ici des sœurs jumelles. »

« Mes filles sont là. »

L'homme pointe du doigt une série de petits monticules de sable rectangulaires, alignés en rangs ordonnés sur la plage. Un bâton surmonté d'un tissu blanc flottant au vent a été planté dans le sable au pied de chacun. Les tertres ont à peine plus d'un mètre de longueur. C'est le cimetière des enfants du tsunami ! Une quarantaine de petites victimes y reposent sous le sable. Plutôt que de les enterrer pêle-mêle dans la même fosse, comme pour les adultes, leurs corps ont été disposés les uns par-dessus les autres, par petits groupes, dans une série de fosses en rangées. Les parents survivants peuvent ainsi au moins venir se recueillir devant une tombe, sachant exactement où reposent leurs enfants.

Les filles de l'homme qui nous a conduits ici ont été placées dans la même petite fosse, comme deux sœurs couchées ensemble dans le même lit pour l'éternité. Devant cette tombe incompréhensible, le père prie en silence, les yeux fermés, les mains tendues vers le ciel.

Luc, lui-même jeune père de deux enfants, et moi nous tenons là, debout et silencieux, la gorge nouée. Face à nous, la mer paraît si calme, si belle. J'ai donné au père malheureux l'argent qui me restait dans les poches, comme si ça pouvait le soulager. Que pouvais-je faire de plus, sinon raconter son histoire ? Encore aujourd'hui, il m'arrive de me le demander.

>>>

Après lui avoir fait nos adieux, toujours accompagnés de notre guide attitré et traducteur tamoul, nous prenons la route de Kilinochchi, la capitale des rebelles, située à l'intérieur des terres. C'est une petite ville sans grands édifices, sans grands hôtels. De toute façon, ils constitueraient des cibles trop faciles pour l'aviation gouvernementale. On nous conduit dans une villa baptisée *Tank View* parce qu'elle est située près d'un réservoir servant à l'irrigation, où les Tigres accueillent des visiteurs de marque. De hauts murs de pierre la ceinturent. Une grille de métal bloque l'entrée. C'est ici que les Tigres de l'Eelam tamoul reçoivent leurs invités.

Afin de préserver l'indépendance des reporters, les règles de l'éthique journalistique interdisent à ces derniers d'accepter quelque cadeau ou faveur que ce soit, y compris bien entendu d'être hébergé et nourri gratuitement. Et même si je suis particulièrement scrupuleux sur ces questions, la réalité du terrain nous force parfois à des compromis. Malgré notre insistance, les rebelles refusent que Luc et moi payions nos chambres et le repas.

Nous serons donc reçus en invités de marque des Tigres de l'Eelam tamoul.

Mais nous ne sommes pas les seuls invités au *Tank View*. Un représentant du gouvernement canadien s'y trouve déjà : le député fédéral Jim Karygiannis, de la circonscription de Scarborough-Agincourt, dans la région de Toronto. Ce comté est composé d'une importante communauté tamoule. Et Karygiannis est là pour calmer ses inquiétudes.

Le premier ministre canadien, Paul Martin, est en route vers le Sri Lanka, mais comme il ne peut se rendre en zone tamoule sans provoquer un incident diplomatique avec Colombo, le gouvernement a envoyé le député de Scarborough-Agincourt rencontrer les responsables des Tigres. Après avoir écouté les doléances des représentants des rebelles, le député

Karygiannis repart dans sa limousine 4x4, décorée d'un drapeau unifolié sur le capot.

Le soir, on nous sert un véritable festin de la gastronomie tamoule pour souper. Même Apsara est impressionnée par le raffinement des plats.

Le lendemain, nous avons rendez-vous avec Tamilselvan. On nous conduit dans une grande maison avec un jardin, où l'on nous demande d'attendre. Je me suis toujours fait une idée un peu romantique d'un chef rebelle. J'attendais une sorte de Che Guevara, mais l'homme qui se présente à moi une demi-heure plus tard, celui qui fait trembler Colombo, a plutôt l'air d'un professeur ou d'un comptable. Assez petit, le visage rond, il a de petits yeux rieurs, porte une large moustache noire comme ses cheveux. Seule sa démarche boiteuse, séquelle de ses blessures de guerre, me rappelle que cet homme est un guerrier. Il porte une chemise à manches courtes au col ouvert. Tamilselvan me salue avec un large sourire, me tend une poignée de main franche.

Il est accompagné de son interprète attitré, George, un maître de poste à la retraite, qui le suit partout. Grand, mince, George doit avoir une soixantaine d'années, et il a une certaine noblesse dans les traits. Des deux, c'est plus facilement lui qu'on prendrait pour le chef. Les journalistes étrangers surnomment Tamilselvan « le Cobra », justement en raison de ses manières avenantes. L'homme a le sourire facile, mais en un instant, grâce à son rang élevé dans la hiérarchie de la rébellion, il peut se révéler mortel.

Dans l'entrevue qu'il m'accorde, Tamilselvan explique que le territoire tamoul a été le plus durement touché par le tsunami. Que le gouvernement rebelle a besoin de l'aide internationale, qu'il est disposé à collaborer en ces temps de catastrophe naturelle. Les Tigres ont mis toutes leurs ressources militaires au service des sinistrés, dont ils s'occupent. Mais le chef tamoul accuse surtout Colombo de bloquer l'aide internationale et d'utiliser la crise actuelle à des fins politiques. Il implore le Canada d'intervenir et répète plus d'une fois son ardent désir de voir le premier ministre Paul Martin venir en territoire rebelle. Ce que le chef d'État canadien ne peut faire sans créer d'incident diplomatique.

Pendant toute l'entrevue, Tamilselvan parle d'un ton calme et posé. Jamais il n'élève la voix, même pour exprimer sa colère ou son indignation. Les menaces et les accusations les plus dures sont, dans sa bouche, exprimées sur le même ton poli.

J'observe Tamilselvan. Difficile d'imaginer que cet homme du monde a été un enfant soldat, un guerrier sans pitié qui a participé à de nombreuses batailles et attaques meurtrières. Difficile d'imaginer que ces mains qui s'agitent doucement au gré de la conversation ont tué, et souvent. Et pourtant…

En nous quittant, Tamilselvan nous souhaite bonne chance et bon retour chez nous. Je ne peux m'empêcher de penser que c'est lui et son pays qui ont besoin de chance.

Le lendemain, nous sommes de retour à notre hôtel de Colombo. Le reportage que nous avons rapporté de notre voyage dans le Nord et acheminé à Montréal trace le portrait d'un pays déchiré, d'un pays où, malgré le cessez-le-feu, une paix durable semble encore bien éloignée.

>>>

La trêve entre les Tigres tamouls et le gouvernement central du Sri Lanka aura duré six ans. Le fragile cessez-le-feu, qui avait été péniblement négocié sous l'égide de la Norvège en février 2002, ne fut pas renouvelé et arriva à échéance en janvier 2008. Les accrochages militaires ont repris en crescendo dans le Nord, les attentats terroristes également.

Le 2 novembre 2007, S. P. Tamilselvan fut tué lors d'un bombardement aérien. Le raid le visait clairement. « Les bombes ont visé le bâtiment qui abritait Tamilselvan et cinq de ses collaborateurs ou gardes du corps. L'armée savait donc où il se trouvait, ce vendredi matin, à 6 heures, heure locale, quand l'attaque a été menée dans la banlieue de Kilinochchi », disaient les dépêches. Elles ne précisaient pas si George, le fidèle traducteur du chef rebelle, faisait partie des victimes.

Ce n'était pas la première fois que l'armée srilankaise bombardait la capitale des rebelles, pas la première fois non plus qu'elle tentait d'abattre Tamilselvan. Mais que l'armée gouvernementale soit parvenue cette fois à tuer celui qui était considéré comme un modéré politique au sein des rebelles tamouls confirmait qu'il ne restait plus dans ce pays que l'option militaire.

CHAPITRE 7

Le festin

Irak, mars 2003

« Tarek, nous n'avons pas le temps d'y aller.

— Mais tu as promis. Il faut y aller ! » Mon *fixer* me regarde avec de grands yeux, les bras écartés, mains tendues vers le ciel, comme s'il priait. « Michel, tu ne comprends pas. Ils ont tué le mouton pour vous. »

Je sais qu'il a raison. Je n'aurais pas dû accepter l'invitation du cheik. Je ne voulais pas courir le risque de le vexer en refusant. Je voulais gagner du temps, en fait. Reporter les problèmes à plus tard, c'est bien moi !

« Eh oui, tu as raison, Tarek, je sais. Nous allons y aller. Mais tu leur expliqueras que nous ne pouvons rester très longtemps. À 14 heures, nous devons absolument être partis. Sinon, nous allons rater l'heure de tombée.

— Pas de problème, Michel. Je t'arrange ça. »

Deux jours auparavant, nous avions visité un petit village près d'Oum Qasr, non loin de la frontière koweïtienne. Nous étions probablement les premiers Blancs que les habitants de cette petite communauté chiite voyaient de leur vie. Un bled sans nom, au bout d'une petite route traversant le désert. Un village doté d'une seule avenue asphaltée, à laquelle venait se rattacher un réseau de rues de terres battues, le long desquelles s'alignaient de modestes habitations recouvertes de chaux. Un petit village balayé par le vent et le sable du désert, privé depuis longtemps d'électricité et où l'eau devenait un bien précieux. En outre, on sentait bien que la nourriture était rare.

Pourtant, malgré l'adversité et les conditions de vie difficiles qui étaient les leurs, les habitants nous avaient accueillis avec chaleur et fraternité. Persécutés par le régime de Saddam Hussein, ces chiites se réjouissaient de la chute du dictateur irakien. Les habitants nous avaient ouvert leurs humbles demeures. Ils s'étaient montrés généreux de leur temps aussi. Et juste avant que nous partions, un émissaire était venu nous transmettre l'invitation à dîner du cheik. «C'est un honneur qu'ils vous font, Michel, m'avait alors expliqué Tarek.

— Dis-lui qu'on ne peut accepter aujourd'hui, mais que nous irons mercredi, dans deux jours. »

Tarek transmit la réponse en arabe et après avoir remercié nos hôtes, nous avions repris la route.

Deux jours plus tard, j'avais prévu me rendre à Bassora, à environ une heure de route de notre campement. La seconde ville en importance d'Irak connaissait comme toute la région une grave pénurie d'eau potable et les soldats britanniques avaient commencé à en distribuer dans les rues. Je voulais voir comment cela se passait. Après tout, c'est pour cela que je me trouvais en Irak, pour témoigner de la situation dans le pays.

Dans ce contexte, retourner au village pour le dîner chez le cheik et perdre ainsi une bonne partie de ma journée ne cadrait guère avec mes plans. Pourtant, Tarek avait raison. Je ne reverrais probablement plus ces gens de toute ma vie, mais j'avais donné ma parole au cheik et je ne voulais pas décevoir ceux qui m'avaient ouvert leur porte. De toute façon, on aura le temps d'aller quand même à Bassora et je trouverai bien une autre histoire, me dis-je en virant à gauche, direction est, abandonnant l'autoroute pour m'enfoncer dans le désert.

Une demi-heure plus tard, les silhouettes des premières habitations se dessinent devant nous. Tout semble si monochrome dans le désert. Les habitations, les vêtements, même la peau des hommes prend la couleur du sable ou de la terre dans le désert. Là où il ne peut le dominer, l'homme se fond à son environnement, s'y intègre jusqu'à en faire partie.

En arrivant au village, Tarek demande le chemin de la maison du cheik à un passant. Celui-ci nous indique une maison à peine plus grande que les autres, au fond d'une modeste allée de terre battue. La pauvreté n'épargne personne dans ce coin reculé d'Irak. Le cheik, d'ailleurs, n'est pas à proprement parler le chef du village. Pas dans le sens où nous l'entendons habituellement. Dans cette société extrêmement hiérarchisée, il y a la famille, le quartier, le village, la région. Chaque entité a son chef et forme une espèce de tribu en soi. Et le cheik est en quelque sorte le chef de la grande tribu qui les regroupe tous. On lui manifeste du respect, on le consulte, on se tourne vers lui pour régler les différends. Il agit davantage comme un père, un sage, que comme un chef politique.

Nous sommes quatre : Raynald, le caméraman, Manon Globensky, ma collègue de la radio qui voyage avec moi, Tarek, mon *fixer,* qui me sert de traducteur, et moi-même. Un homme nous accueille à la porte avec un grand sourire. Il nous fait entrer et nous conduit vers la salle à manger où nous sommes attendus.

Je suis étonné par le confort de cette vieille maison. Les vieux murs épais forment une barrière efficace contre les assauts du soleil et l'air y est presque frais. Tous les volets des fenêtres sont fermés, on y vit dans la pénombre, dans l'économie, d'énergie et de gestes. Même le temps semble s'égrener au ralenti.

Dans la large pièce qui sert de salle à manger, des femmes et de jeunes hommes sont en train de finir d'apprêter la table, disposée selon la tradition sur un long tapis tissé et rectangulaire, placé directement sur le sol. Tout autour, de gros coussins moelleux sont répartis à intervalles réguliers, devant des assiettes à côté desquelles se trouve un couteau, mais pas de fourchette. La tradition arabe veut que les plats soient placés au centre de la table. Les convives se servent avec leurs mains.

Un jour, lors d'un souper au Maroc, j'ai tenté de prendre un morceau qui me semblait particulièrement beau. Il était un peu à ma gauche. Lorsque je me suis étiré légèrement pour le découper, les yeux se sont tournés vers moi. L'ami marocain qui m'accompagnait m'a rapidement expliqué que la politesse veut que l'on prenne la pièce de viande qui se trouve devant nous. Si c'est une cuisse, vous mangez la cuisse, si c'est une poitrine, vous mangez la poitrine. Mais il est très mal vu de choisir délibérément dans le plat de service.

Le cheik arrive, entouré de deux hommes qui le soutiennent. C'est un homme de petite taille, mais pas frêle. Il doit avoir au moins soixante-dix ans. Tout en lui accuse le temps : la lenteur de ses gestes, le débit de sa voix, les rides profondes qui sillonnent son visage buriné par le souffle brûlant du désert.

Le cheik me salue en souriant, un sourire affable, sincère. Je lui serre la main. Manon en fait autant, mais le cheik refuse. Un homme ne peut toucher une femme, même sa main. Il la salue de la tête, respectueusement. La présence même de Manon à la table du cheik montre son ouverture d'esprit. Chez les chiites pratiquants, hommes et femmes ne partagent pas la même table. Manon est d'ailleurs la seule femme présente ce midi. Les autres femmes sont à la cuisine où elles préparent le repas.

Le cheik s'installe au bout de la table, en bon père de famille. Il se déplace avec économie, bouge au ralenti, c'est l'habitude d'une vie dans la chaleur du désert. Les hommes s'alignent en deux rangées par ordre décroissant d'importance à partir de lui. Signe de l'honneur qu'il nous fait en nous accueillant à sa table, je suis assis juste à sa droite, puis il y a Raynald, Tarek, Manon et d'autres invités. Devant moi, il y a, à la gauche de l'hôte, deux vieillards, un autre homme d'âge mûr, puis d'autres convives, de plus en plus jeunes. De jeunes hommes et des adolescents se pressent près de la porte. Ils rigolent, se taquinent, mais n'osent entrer. À table comme dans la vie, dans cette société ordonnée, chacun connaît son rang et sait où se trouve sa place.

La table est dressée de façon magnifique. Au centre, dans un large plat de service, il y a un mouton entier fumant et parfumé d'épices qui embaume la pièce. Plusieurs plats d'accompagnement sont soigneusement placés tout autour: d'aromatiques salades de tomates à la menthe fraîche, où le rouge vif et le vert se conjuguent en un délice pour les yeux. Il y a plusieurs plats de légumes grillés dans des assiettes multicolores qui égaient la table, des purées de légumes aux fines herbes, qui ressemblent à l'hoummos libanais, et d'autres légumes cuits au four accompagnés d'une sauce onctueuse ou trempant simplement dans une huile d'olive parfumée. Plusieurs assiettes de roseau tressé offrent du pain *nan* encore chaud, tout juste sorti du petit four de pierre où il vient d'être cuit. Et tout autour de ce superbe banquet, on a dispersé dans un entrecroisement harmonieux différentes fines herbes fraîches qui servent d'élégantes et odorantes décorations. Oui, c'est vraiment une table magnifique, préparée pour nous. J'ai vu les conditions difficiles dans lesquelles vivent les gens du village. J'ai vu les garde-manger vides, et devant nous, pour nous, cette abondance, ce bon goût et cette générosité déployés en guise de bienvenue, héritage d'une très ancienne tradition mésopotamienne d'hospitalité, remontant à Babylone.

Le cheik nous invite à manger d'un signe de la main. Tout en lui impose le respect. Il s'enquiert de notre santé, des impressions que nous retenons depuis notre arrivée en Irak. Il demande des nouvelles du monde. Il connaît le Canada, a entendu parler de Montréal, et sait qu'une majorité de la population du Québec parle français. Je l'écoute, stupéfait, à travers la traduction de Tarek. Ce vieil homme qui ne parle qu'arabe, qui vit coupé du monde, ici, dans ce petit village perdu dans le désert, connaît le monde! Il en sait plus sur mon univers que j'en sais du sien. Il tient ses informations du récit des hommes qui passent, des voyageurs qui s'arrêtent. Et je me rappelle alors que nous sommes en Mésopotamie, où la civilisation humaine s'est éveillée pour la première fois il y a dix mille ans.

Les ruines ensablées de Babylone en témoignent, comme le souvenir plus ancien encore de Sumer. Depuis ces temps immémoriaux, les vieux sages comme notre hôte ont vu défiler des générations de voyageurs, des Babyloniens, des Assyriens, des Perses, des Grecs, compagnons d'Alexandre, des Romains, les Huns d'Attila, des Turcs, des Européens, et aujourd'hui, mes compagnons et moi. Depuis près de dix mille ans, le rite n'a probablement guère changé. Assis autour d'un repas ou d'un morceau de pain, les hommes, issus de mondes différents, échangent, partagent l'information. Cette forme de communication, la plus simple qui soit, la plus ancienne aussi, fonctionne encore ici. De bouche à oreille, l'information voyage, traverse les frontières, tout simplement, naturellement.

La nourriture qui nous est offerte est exquise, la meilleure que j'aie mangée depuis longtemps. Elle témoigne d'une culture culinaire raffinée. La viande est cuite à point, juste assez épicée. Malheureusement, je n'ose goûter aux salades, même si ce n'est pas l'envie qui manque. Car tout ce qui n'a pas été cuit est susceptible de nous rendre malades.

Depuis mon arrivée en Irak, je dors sous la tente, me nourris exclusivement de barres tendres, de nourriture sèche et ne bois que l'eau en bouteille que j'ai apportée. Alors aujourd'hui, je me régale, autant les yeux que la panse, même si je ne peux profiter de tout.

Le cheik invite Manon à visiter les cuisines où les femmes s'affairent. Manon accepte. Un jeune homme l'y accompagne. Pendant ce temps, nous poursuivons notre repas et la conversation entre hommes. Le cheik parle peu, écoute beaucoup.

Quand il parle, c'est généralement pour nous interroger sur notre mission ou s'enquérir de notre santé. « Vous avez fait un bon voyage ? Combien de temps pensez-vous rester en Irak ? Comment trouvez-vous notre pays ? J'espère que vous ne manquez de rien ? »

Manon revient, se rassoit. Je lui demande : « C'était bien ?

— Oui, elles sont toutes dans la cuisine. Elles touchaient mes vêtements, mes cheveux en riant. J'étais une sorte d'objet de curiosité pour elles. » Ces femmes irakiennes n'avaient jamais vu elles non plus d'Occidentale. Les chiites portent le voile. Et une reporter qui voyage seule, sans être accompagnée de son mari, qui dîne à la table du cheik avec les notables du village est probablement une chose extrêmement difficile à concevoir, qu'elles n'imaginaient même pas possible. Un choc culturel qui s'oppose à leur monde, à la façon dont elles ont été élevées, à la vision qu'elles ont sans doute d'elles-mêmes.

Le repas terminé, après avoir bu un excellent thé à la menthe, il est temps pour nous de remercier notre hôte et de partir.

« Il vous souhaite bonne chance et vous demande d'être prudents », me dit Tarek. Je serre la main du cheik en le remerciant de son hospitalité. Puis, je serre la main des autres convives.

Dès que j'ouvre la porte de sortie, la lumière m'éblouit et le soleil brûlant du désert me darde de ses rayons acérés. Je retrouve le désert, terre inhospitalière et sans merci pour ceux qui osent le défier. Pendant deux heures, le temps d'un repas, la maison du cheik nous a protégés, nous a préservés des rigueurs du pays. Avec des moyens rudimentaires, sans air conditionné, sans même d'électricité, sa demeure nous a offert une oasis de fraîcheur et d'ombre. Un luxe, dans le désert. Un cadeau.

Je saute dans la jeep, démarre le moteur. Il doit faire cinquante degrés ! Ouf ! Je mets la climatisation au maximum. Il est 14 heures. « Combien de temps pour se rendre à Bassora, Tarek ? »

CHAPITRE 8 >>>

Nann

Bangkok, janvier 2008

C'est bien elle. Oui. Elle me paraît plus jolie encore que sur ses photos. Même minceur, jusqu'à devenir fine, délicate, que l'on voit souvent chez les Thaïlandaises. Ses longs cheveux de jais, lisses et brillants, reluisent et tombent sur ses épaules, accentuant encore davantage son air juvénile. Un mélange de douceur et de sensualité en émane, comme un parfum dont on perçoit d'abord les effluves avant d'en être complètement empreint. Son visage est parfaitement ovale, ses traits, réguliers, harmonieux, pas une courbe, une ligne malheureuse. Oui, elle est vraiment jolie. Ses grands yeux sont posés sur moi et me fixent, pas comme une cible ou une proie, ils semblent plutôt chercher, fouiller, tentant sans doute de saisir qui je suis, sur quel genre d'homme elle est tombée aujourd'hui.

La jeune femme devant moi ne ressemble en rien à l'image que je me suis toujours faite d'une prostituée. Il n'y a rien de criard ni de vulgaire chez elle. Pas de peau exposée pour forcer la vente. Elle est vêtue sobrement, pas de jupe hyper courte, pas de bas nylon en filet. Elle porte simplement un chemisier sans manches et un short marron assez court, très classe. Classe et un brin branché. On la prendrait facilement pour une jeune fille de bonne famille se préparant à sortir, à attaquer les discothèques avec ses copains d'université. Mais elle est là parce que je l'ai engagée, que je paie pour ses services. Cinq mille bahts pour deux heures, soit environ cent quarante dollars, une grosse somme pour une prostituée en Thaïlande.

«Bonjour, Nann. Je suis Michel.

— Bonjour, Michel »

Elle parle anglais avec un fort accent, mais d'une voix si douce que j'en suis un peu décontenancé. Je lui tends l'enveloppe non cachetée contenant l'argent, tel que nous l'avons convenu. Cinq mille bahts, c'est le tarif de base. Pour des extras, il faut payer plus. C'est écrit sur le site Web de l'agence d'escortes de luxe où j'ai trouvé Nann. Une relation complète sans condom coûte trois mille bahts. Mais il faut d'abord passer un test médical. Si vous voulez filmer vos ébats, ajoutez encore mille cinq cents bahts. Tout est expliqué en détail, décrit aussi minutieusement qu'un contrat d'assurance. Enfin, presque.

J'observe Nann et j'arrive difficilement à imaginer que la jeune femme si délicate et timide qui se tient devant moi est bien celle qui offre cet éventail de services. L'idée me rend mal à l'aise. Ce n'est pas que je sois prude. Loin de là. Et pourtant. Jusqu'à la dernière minute, j'étais persuadé qu'une autre que la femme des photos du site web allait se présenter au rendez-vous. J'étais convaincu que c'était une sorte d'attrape.

On met la photo d'une jeune femme, un minois facile à vendre, et le client n'y voit que du feu. Mais non, c'est bien elle.

Nann prend l'enveloppe promptement, en me remerciant à la thaïlandaise. Elle joint les mains sous son visage, comme pour faire une prière, s'inclinant légèrement vers l'avant. Elle a la précipitation d'une gamine. Je lui fais signe de me suivre.

« Viens, Nann, allons dans ma chambre. »

Elle sourit en gardant les lèvres serrées, prend mon bras et me suit. J'aurais juré qu'elle a poussé un soupir de soulagement. Est-ce à cause de moi? Ou a-t-elle simplement hâte de sortir du lobby et de se soustraire au regard des employés de l'hôtel qui repèrent rapidement les prostituées, les *ladies,* comme on les appelle en Thaïlande?

>>>

J'étais tombé sur Nann par hasard. Un mois auparavant, Serge Fortin, mon patron, m'avait fait venir dans son bureau du 10e étage, au sommet de la tour de l'édifice de TVA, boulevard de Maisonneuve, à Montréal. Trois pédophiles canadiens, dont le tristement célèbre Christopher Neil, alias Vico, qui avait fait l'objet d'un mandat de recherche international, venaient successivement d'être arrêtés à la suite d'accusations de viols et d'abus d'enfants survenus en Thaïlande.

« Michel, crois-tu qu'en allant en Thaïlande on peut arriver à comprendre pourquoi autant de pédophiles d'ici se rendent là-bas pour agresser des enfants?

— Bonne question, Serge. Je n'en sais trop rien, en fait. »

Comme tout le monde, je sais que la Thaïlande est depuis longtemps une destination de tourisme sexuel prisée. Comme tout le monde, j'ai entendu les nombreux récits de touristes québécois qui, au retour de vacances dans ce pays, racontent à quel point il est facile d'y trouver de jeunes filles ou de jeunes garçons. J'imagine que les pédophiles entendent les mêmes histoires et ont compris que la Thaïlande est pour eux un terrain de chasse idéal.

« Faudrait vérifier, Serge. » L'arrestation d'un pédophile fait automatiquement la manchette. Elle provoque invariablement colère et indignation. Pendant quelques jours, les projecteurs se braquent, puis on passe à autre chose. C'est le cycle de l'information. Vico pourrit en prison, mais combien d'autres continuent leurs exactions actuellement, dans l'anonymat et l'indifférence?

« OK, Michel, regarde ça de plus près et reviens-moi. »

Dans le style laconique et expéditif de Serge, cela signifie: « Prends le temps de faire ta recherche et de fouiller. Quand ce sera fait, si tu trouves quelque chose d'intéressant, reviens me voir, et on décidera de la suite. »

« C'est bon, je m'en charge. »

Je me suis rapidement mis au travail. J'ai commencé par lire tous les articles de presse publiés sur le sujet dans les dernières années. Puis, j'ai cherché sur Internet. La routine, quoi. Ensuite, je me suis tourné vers les sites dédiés à la prostitution en Thaïlande. Il y en a beaucoup. Je suis finalement tombé sur *Bangkok Escorts*, un site de prostituées de luxe pour touristes. Le site offre une vitrine de jeunes filles et on y propose même des vierges. Ce sont les seules dont l'âge n'est pas spécifié, ce qui laisse clairement entendre qu'elles sont mineures. Les vierges coûtent cependant cher, dix fois plus que les autres filles. Elles sont plus rares, la loi du marché s'applique.

C'est aussi facile que de réserver une automobile avant de partir, vous n'avez qu'à faire votre choix et votre réservation. Aussi simple que cela !

À la différence qu'une auto a souvent plus de valeur en Thaïlande que la vie d'une femme.

J'aurais voulu choisir Tina, une des vierges, mais elle n'était pas disponible avant quelques mois, le temps sans doute qu'elle atteigne sa majorité. Mon choix s'est alors porté sur Nann, dix-huit ans. Je l'ai choisie parce que sa fiche personnelle précise qu'elle parle anglais et j'espérais bien sûr pouvoir lui parler.

Je me suis fait passer pour un touriste sur le point d'aller en Thaïlande. J'ai écrit pour réserver les services de Nann : deux heures pour cent quarante dollars, le tarif minimum. Le lendemain, je recevais un message d'une certaine Mlle Uann. « Mlle Nann sera heureuse de vous rencontrer. Contactez Mlle Kim à ce numéro de téléphone dès votre arrivée, elle s'occupera de vous. »

Deux jours plus tard, je débarque à Bangkok, ne sachant trop à quoi m'attendre, connaissant assez peu l'Asie du Sud-Est. Roger, le caméraman qui m'accompagne, et moi sommes arrivés en pleine nuit, après vingt-quatre heures de vol. Nous étions crevés. Ce soir-là, je n'ai vu de Bangkok que l'autoroute qui mène à mon hôtel, une autoroute moderne, surélevée.

Malgré le manque de sommeil, je dors mal. À 7 heures, je suis déjà réveillé. Je me lève, me dirige vers la fenêtre, tire les épais rideaux. Le jour est déjà levé, et de ma chambre située au 21e étage, je pose pour la première fois le regard sur la capitale thaïlandaise. Bangkok se cache encore derrière un nuage de smog. Mais les rayons du soleil la révèlent peu à peu.

À mesure que le nuage se dissipe, la silhouette d'une ville hyper moderne en émerge lentement. Les gratte-ciel se dévoilent un à un, se dressent dans le ciel comme s'ils venaient eux aussi de se lever. Au loin, des travailleurs sont à l'œuvre sur le chantier de construction du train aérien qui traverse la ville. Le prolongement du *Skytrain* contribuera, espèrent les autorités, à réduire la pression sur le réseau routier de la ville de 7,5 millions d'habitants, célèbre pour ses embouteillages monstres.

De mon perchoir, je découvre une capitale économique, et l'Asie du Sud-Est comme on l'imagine, avec son extravagance technologique. Bangkok exhibe fièrement son dynamisme, prenant la pose comme une belle, fière de ses nouveaux diamants. Elle vous fixe de son œil de nouvelle riche, juchée sur ses talons hauts, sûre de son effet.

Mais ce que je ne vois pas de mon observatoire climatisé, ce que les gratte-ciel cachent, ce sont les millions de pauvres qui vivent dans leur ombre. La majorité des 7,5 millions d'habitants de Bangkok, et des 76 millions d'habitants de la Thaïlande, vivent toujours dans la pauvreté. Le miracle économique, ce n'est pas encore pour eux. Pour eux, c'est la vraie misère.

La Thaïlande a réussi, depuis dix ans, à s'imposer comme une puissance économique régionale en Asie du Sud-Est, mais une large partie de la jeunesse du pays paie un lourd tribut pour ce succès économique. Car le tourisme sexuel est l'un des moteurs économiques du pays. Ce n'est pas ici une activité qui se pratique à couvert, dans l'ombre. C'est une industrie bien huilée qui prospère au grand jour, une industrie qui génère des fortunes. Le tourisme sexuel constitue 14 % du produit intérieur brut de la Thaïlande. C'est énorme, ça représente des milliards de dollars d'activité économique.

Les ouvriers qui assurent le succès de cette industrie, ce sont les filles comme Nann, et les garçons. Ils sont plus de 100 000 prostitués, de sexe masculin et féminin, dans le pays. Autrefois, les filatures, aujourd'hui, les bordels. Le capitalisme sait encore s'adapter à la demande et y répondre pour son plus grand profit, peu importe le coût humain.

>>>

Après le déjeuner, comme il avait été convenu, j'appelle Mlle Kim. Mon rendez-vous avec Nann est prévu pour le lendemain à 19 heures. Roger installe un petit micro sur le téléphone pour enregistrer la conversation, et il me filme tandis que je parle au téléphone. Une fois de plus, je suis pris de court, quelque peu décontenancé par mon interlocutrice, par sa douceur.

Je ne sais trop pourquoi, mais je m'attendais à tomber sur une matrone antipathique. J'attendais une grosse voix, je me disais qu'une maquerelle devait avoir une voix rauque, une voix de méchante. Mais la voix au bout du fil était toute menue, une voix douce, presque attentionnée. Encore une fois, la réalité me rappelait que rien n'est aussi simple qu'on l'imagine, que le monde ne se conjugue pas en noir et blanc, surtout pas en Asie.

« Michel, il y a un problème. »

Un problème ? Je me tends soudainement.

« Quel problème, mademoiselle Kim ?

— Eh bien, Nann a ses règles. Vous comprenez ? Alors elle ne peut travailler. »

Kim semble vraiment désolée pour moi. Je sens presque de l'empathie dans sa voix, ce qui me la rend soudain plus sympathique, augmentant par le fait même mon malaise. Je l'aurais préférée détestable. D'un côté, la maquerelle, de l'autre, la jeune prostituée, l'exploiteuse face à la victime. Encore une fois, ma vision manichéenne du monde montre ses limites. En réalité, Kim n'est peut-être elle-même, comme Nann, qu'un pion sur l'échiquier des froides lois du marché.

« Je peux vous offrir une autre fille.

— Qui ?

— Tan pourrait vous rencontrer. Elle est très jolie, vous savez. »

Or, Tan a vingt-huit ans. Et pour mon reportage, je cherche davantage de jeunes prostituées. Des femmes qui viennent d'être plongées dans ce commerce de la chair. Alors, Tan ne me convient pas.

« Écoutez, mademoiselle Kim. Je tiens à Nann. Je suis au pays pour une longue période de temps. Je ne suis pas pressé. Je cherche quelqu'un avec qui je vais m'entendre. Alors, j'aimerais rencontrer Nann simplement pour discuter. On en restera là. Ça me convient. Je veux seulement faire sa connaissance. » Les touristes sexuels louent effectivement souvent les services des prostituées pour de longues périodes.

« Vous allez devoir payer quand même, vous savez.

— Oui, oui, pas de problème. Je veux simplement lui parler. »

Kim est visiblement surprise. J'imagine que les clients qui ne veulent que parler aux filles sont rares en Thaïlande.

« Je vais devoir l'appeler et lui demander, Michel. Je vous rappelle plus tard. »

Il ne me reste qu'à me croiser les doigts et espérer. Mon horaire en Thaïlande est très serré et changer de fille compliquerait sérieusement la tâche. Une demi-heure plus tard, le téléphone sonne. Au bout du fil, Kim paraît fière de son coup. « Tout est réglé, Michel.

Nann sera là à 19 heures. Elle va vous appeler pour que vous la fassiez monter à votre chambre. Les hôtels interdisent aux filles l'accès aux chambres si elles ne sont pas accompagnées d'un client.

— Merci beaucoup, mademoiselle Kim. »

>>>

Roger et moi avons préparé ce tournage méticuleusement. Nous avons deux caméras cachées à notre disposition. L'une d'entre elles est une mini-caméra dissimulée dans un sac de voyage. L'autre, spécialement conçue pour ce type de travail, a l'apparence d'un téléphone portable. Nous plaçons une caméra de chaque côté de la causeuse, où je vais inviter Nann à s'asseoir près de moi. Ainsi, nous disposerons de deux plans différents. Avec la troisième caméra, Roger va filmer discrètement ma rencontre avec Nann dans le lobby.

Dix-neuf heures, pas de nouvelles de Nann. Je ne m'inquiète pas trop. Avec les embouteillages de Bangkok, les rendez-vous deviennent aléatoires. Dix minutes plus tard, mon portable sonne finalement. À l'autre bout, une petite voix douce, une voix de fillette timide, incertaine. « Michel ? C'est Nann. Je suis dans le lobby.

— J'arrive dans deux minutes, Nann. »

Je fais descendre Roger en premier, lui laisse le temps de s'installer dans le lobby. Je jette un dernier coup d'œil aux caméras cachées qui tournent déjà, et ferme la porte derrière moi.

L'ascenseur avale les vingt et un étages qui me séparent du lobby. L'attente me paraît pourtant longue. Je fixe les portes closes et respire à fond. Ce n'est pas que je sois vraiment nerveux. Un peu, si, mais je suis surtout mal à l'aise. Personnellement, je ne suis pas opposé à la prostitution. Je suis même en faveur, lorsqu'il s'agit d'adultes consentants. Mais ici, en Thaïlande, les femmes sont-elles vraiment consentantes ? Pour donner son consentement, il faut avoir le choix. Et dans ce pays où la seule honte est d'être pauvre, se prostituer est-il vraiment un choix éclairé ou plutôt un geste de survie ?

Le tourisme sexuel se pratique dans ce pays depuis presque cinquante ans.

Le charme des belles Thaïlandaises attirait déjà, à la fin des années 1950, les marines américains en poste en Asie, qui venaient s'y reposer lors de leurs permissions. Pendant la guerre du Vietnam, le programme *Rest and Recovery* institutionnalisa la pratique. Puis, les touristes européens, japonais et nord-américains ont pris la relève. Aujourd'hui, les nouveaux riches chinois débarquent par pleins cargos.

Pourtant, officiellement, la prostitution est interdite en Thaïlande. Mais dans la réalité, le gouvernement fait plus que fermer les yeux, il laisse se développer au grand jour l'industrie du sexe. Les soixante mille bordels de la Thaïlande rapportent au crime organisé cinq fois plus que le trafic de la drogue. Et derrière les jolis sourires des jeunes filles se cachent des organisations criminelles cruelles, impitoyables et terriblement efficaces. Les mafias tirent les ficelles, empochent des millions et ne laissent que des miettes aux prostituées.

>>>

Ding ! La cloche de l'ascenseur me tire de ma torpeur. Alors que les portes s'ouvrent sur le lobby, mon portable sonne de nouveau.

Avant que j'aie eu le temps de répondre, une jeune femme se lève devant moi. « Je voulais te voir avant », dit doucement la petite voix. Nann est là, devant moi. Juste derrière, Roger filme discrètement la scène.

En arrivant à la chambre, Nann s'assoit à ma demande sur la causeuse. Elle se place ainsi sans le savoir exactement dans la mire des caméras qui tournent en silence. J'ai choisi d'utiliser des caméras cachées et de dissimuler mon identité parce que je suis convaincu qu'elle aurait refusé de me parler si je lui avais dit que je faisais un reportage. Dans certains cas, l'utilisation de procédés clandestins est la seule façon pour les journalistes d'obtenir l'information désirée, de faire la démonstration voulue. C'est une formule que je n'utilise jamais gratuitement. Les politiques journalistiques des médias définissent habituellement le cadre dans lequel les journalistes peuvent y recourir. Parce que, en principe, un journaliste doit poser ses questions à visage découvert, faire preuve de transparence, c'est l'essence même de son métier. Mais il y a des exceptions. Et le présent cas en commandait une. Malgré tout, j'ai souvent eu recours à des caméras cachées dans ma carrière, mais malgré l'habitude, un malaise monte en moi, un malaise que je n'arrive pas encore à expliquer.

Le site Web disait que Nann parlait bien anglais. Mais je me rends rapidement compte qu'elle le baragouine à peine. J'arrive difficilement à me faire comprendre. De toute évidence, la conversation n'est pas ce que recherchent habituellement ses clients. Étrangement, elle parle mieux qu'elle ne comprend. Elle a appris l'anglais à l'école, et je m'aperçois que, comme beaucoup de Québécois, elle arrive plus facilement à lire qu'à parler l'anglais. Je sors donc un carnet de notes, et je commence à lui écrire mes questions. Ça fonctionne, nous parvenons à communiquer. Scène étrange, quand même : un journaliste québécois et une jeune prostituée thaïlandaise, assis l'un près de l'autre au 21ᵉ étage d'un hôtel de Bangkok, et qui échangent des notes par écrit. Mais ça fonctionne, à mon grand soulagement.

« Pourquoi travailles-tu pour une agence d'escortes plutôt que dans un des nombreux gogo-bars de la ville ?

— Je n'aime pas les bars, dit-elle. On nous traite mal. J'aime mieux être avec toi, ici. » Elle éclate de rire, un rire d'enfant fière de sa blague. Je me rends compte que Nann m'observe autant que je l'observe. Elle me tâte les épaules, la jambe, elle sourit.

« Tu fais du sport ? demande-t-elle.

— Oui, du vélo, Nann. Tu fais du sport aussi ?

— De la course à pied. »

Elle s'approche de mon cou. « Tu sens bon, dit-elle en s'esclaffant. Tu es marié ? »

Je fais signe que non. Elle fronce les sourcils, sceptique.

« Tu as de beaux vêtements, tu sens bon, tu es bien. Ce n'est pas normal que tu ne sois pas marié.

— Ce serait trop long à t'expliquer, Nann. »

Elle s'esclaffe à nouveau et me jette un regard moqueur.

Je suis loin d'être un canon de beauté masculine. Je ne suis ni beau ni laid ; ni jeune ni vieux. Mais j'ai pris la peine de mettre de beaux vêtements, ai mis mon parfum. Je ne sais trop pourquoi, d'ailleurs, je l'ai fait instinctivement, par réflexe sans doute. Et à en juger par la réaction de Nann, je me dis qu'elle doit en voir de toutes les couleurs et de tous les genres. Chaque fois qu'elle se présente à un rendez-vous, elle ne sait pas sur qui elle va tomber, de quoi aura l'air son client, quelle attitude il aura à son endroit. Chaque fois, c'est comme jouer à la roulette russe.

Depuis mon arrivée, j'ai déjà vu beaucoup d'Occidentaux se pavaner au bras de jeunes Thaïlandaises. Et ils sont faciles à reconnaître. Il s'agit la plupart du temps d'hommes d'âge mûr, parfois carrément des vieillards.

Des hommes qui ont ici accès à ce qui leur est inaccessible chez eux, des jeunes et jolies filles ou beaux garçons. Et l'ostentation qu'ils affichent lorsqu'ils se promènent fièrement en pleine rue en enlaçant une femme deux à trois fois plus jeune qu'eux a de quoi choquer dans bien des cas. Comme si, loin de chez eux, à l'abri du regard de leurs pairs, ici en Thaïlande, tout leur était permis.

« Combien de clients vois-tu en une semaine, Nann ?

— Trois ou quatre. Ce sont tous des étrangers, très rarement des Thaïlandais.

— Pourquoi fais-tu ce travail ? »

Elle me regarde, semble chercher ses mots, faute de réponse, elle baisse les yeux. Pour la première fois, elle ne sourit plus.

« Je veux aller à l'université. Oui, l'université. Mais je n'ai pas d'argent, alors je dois travailler, Michel.

— Tu veux aller à l'université ? Que veux-tu étudier, Nann ?

— Je ne sais pas encore. L'anglais, peut-être », dit-elle en s'esclaffant. Son irrésistible sourire est de retour sur ses lèvres.

Il se dégage de Nann une telle candeur, une telle simplicité. Elle s'ouvre, me raconte sa vie librement, sans jeux de séduction comme on pourrait en attendre d'une femme dans sa situation. Et soudain, je comprends la source de mon malaise. Cette jeune femme, à la fois prostituée et amatrice de jogging qui rêve d'aller à l'université, se présente à moi telle qu'elle est, sans cachotteries. Des deux, c'est moi, avec mes caméras dissimulées pointées sur elle, qui cache mon jeu. C'est comme si tout à coup, c'est moi qui étais pris au piège. Mais il est trop tard pour reculer.

« Combien arrives-tu à gagner par mois, Nann ?

— Vingt-cinq mille bahts, et je donne cinq mille bahts à ma famille. »

C'est l'équivalent d'environ sept cents dollars par mois, ce qui représente une somme appréciable. Je sors une carte de la Thaïlande et la montre à Nann. Je lui demande de me montrer son village natal. Nann étudie minutieusement le document, il lui faut un peu de temps avant de trouver, reconnaître le nom de son village écrit en anglais. Puis, elle pointe du doigt une petite bourgade située au nord-est, un petit village perdu dans la jungle. Elle sourit, encore une fois, on dirait une enfant fière de son coup.

« C'est ton village ?

— Oui, c'est mon village.

— Tes parents sont riches ? »

La question semble l'amuser. Nann secoue vivement la tête en souriant. Mais son sourire s'estompe de nouveau, s'efface, son joli visage se fige sans véritable expression. Un instant, ses yeux se perdent dans ses pensées. À quoi pense-t-elle ? Je n'en sais rien. Son regard reste toujours fixé sur le cercle tracé au stylo sur la carte, comme si elle cherchait quelque chose qu'elle pourrait reconnaître, à quoi elle pourrait s'accrocher. Sa voix me semble plus basse, presque éraillée et rauque.

« Non, mes parents ne sont pas riches. Ils sont pauvres. C'est pour cela que je leur envoie de l'argent chaque mois, c'est mon devoir d'aider ma famille. »

Nann n'est pas la seule. Toutes les prostituées de la Thaïlande donnent une partie de leurs revenus à leurs familles. Certaines n'ont guère le choix, ayant été carrément vendues par leurs parents à un proxénète. Elles donnent l'argent comme une obligation, un code de vie à respecter. D'autres cachent à leur famille ce qu'elles doivent faire pour gagner leur vie.

Parfois, les parents n'osent poser trop de questions. Ils acceptent l'argent. Les questions éthiques sont un luxe que la plupart des habitants ne peuvent se payer.

Nann a retrouvé son sourire. Ses yeux se plissent encore une fois, redeviennent rieurs. Elle sort d'un geste vif son téléphone portable de son sac à main.

« Regarde, ça, c'est ma cousine. Regarde, Michel. »

Elle me montre une vidéo qu'elle garde stockée sur son appareil. On y voit Nann jouer avec une fillette de dix ans. Deux jeunes filles insouciantes qui s'amusent dans un parc. Nann porte un jeans et un T-shirt. On dirait une ado rieuse. Une jeune fille pleine d'attention pour sa petite cousine qu'elle câline et serre dans ses bras. La jeune femme sur la vidéo ne ressemble en rien à une prostituée. Elle ressemble à toutes les filles de son âge du monde qui s'amusent.

Nann me décrit la scène en thaïlandais. Elle s'anime, parle vite, en cascades, fait de petits gestes saccadés, enjoués. Nann s'est plongée dans son monde, a oublié qui j'étais, et même pourquoi elle se trouve dans cette chambre d'hôtel avec un inconnu, un étranger. Elle s'amuse. Je la regarde en souriant. Mais le sac contenant la caméra cachée placée juste derrière elle me rappelle à moi, me rappelle pourquoi je suis là. Encore le malaise.

La vidéo terminée, Nann range son appareil, redevient tranquille, sage. Elle se presse contre moi. L'étincelle qui dansait dans ses yeux il y a un instant a disparu, évanouie. Nann est soudainement silencieuse, c'est le retour à la réalité, sa réalité sordide.

En Thaïlande, j'ai souvent entendu des clients excuser leur conduite en invoquant l'argument qu'ils aident les prostituées en leur permettant de gagner de l'argent. «On les aide à gagner leur vie», m'a même confié un Québécois venu passer un mois de vacances ici. Ce raisonnement peut paraître acceptable au Canada, en France, aux États-Unis. Dans un pays riche, les adultes ont le choix. Mais ici, dans un pays pauvre, un pays où une majorité vit dans l'indigence, qu'est-ce qu'avoir le choix? Nann a-t-elle le choix? Le choix entre quoi et quoi? Pour elle, comme pour les autres ici, se prostituer n'est pas un choix, c'est la seule option, c'est une question de survie.

«Pourquoi fais-tu ce travail, Nann?»

Elle me regarde et fronce les sourcils. La question n'est pas claire pour elle.

«Aimes-tu ce que tu fais, Nann?»

Encore une question dont elle a de la difficulté à saisir le sens. Car ce n'est pas une question d'aimer ou de ne pas aimer. Choisir un travail qu'on aime, c'est un luxe réservé aux riches.

«Combien de temps veux-tu continuer, alors?

— L'an prochain, j'aimerais changer. J'aimerais me trouver un travail dans un centre commercial, arrêter les hôtels. J'espère, l'an prochain, oui», laisse-t-elle tomber de sa voix douce. De nouveau, elle ne sourit plus. Mais elle ne paraît pas triste cette fois.

« Dans un centre commercial ? Pourquoi ? Les hommes ne sont pas gentils avec toi ? »

Je ne sais pas si elle comprend ce que je tente de lui demander. Mais je n'obtiens pas de réponse. Son large sourire est revenu.

Au terme des deux heures pour lesquelles j'avais payé, Nann est repartie. Elle m'a fait promettre de la rappeler. Je lui ai expliqué que je partais le lendemain pour Pattaya, dans le Sud.

« Pattaya ? dit-elle, l'air déçu. Ah bon. Tu me rappelles quand tu reviens ?

— Promis, Nann, promis. »

Nann connaît Pattaya. Tout le monde en Thaïlande connaît cette petite ville située à environ une heure de route de Bangkok. Pattaya est la station balnéaire la plus proche, les habitants de la capitale la boudent. Mais pas les touristes. Les visiteurs affluent en nombre grandissant chaque année. Pattaya est toutefois loin de se comparer aux plus belles stations balnéaires du pays, comme Phuket, plus au sud. Sa plage étroite n'a ni leur beauté ni leur élégance, son sable, ni leur finesse ni ces reflets d'or et de cuivre sur lesquels les rayons du soleil aiment venir danser. Le centre-ville sale n'est qu'une succession de bars et de boîtes de nuit. Mais la nuit, la vie nocturne, c'est justement ce qui attire les touristes à Pattaya, ou plus précisément, ce qui se passe ici la nuit. Car Pattaya est la capitale du tourisme sexuel de la Thaïlande.

Chaque soir, la ville s'anime, s'illumine d'affiches commerciales criardes, résonne de musique disco, des cris des rabatteurs qui écument les rues et tentent par tous les moyens de vous pousser dans un bar où ils obtiendront 10 % de commission sur tout ce que vous dépenserez, alcool et femmes confondus. La nuit venue, Pattaya se transforme en un vaste bordel à ciel ouvert, un bordel où tous les humains, hommes, femmes et enfants sont à vendre pour quelques bahts à peine.

À Pattaya, j'ai trouvé des filles pour quinze dollars, des adolescentes de seize ans forcées de se prostituer dans les gogo-bars au nez des policiers qui regardent ailleurs. De toute façon, ici, la police est plus occupée à protéger les précieux touristes et leurs dollars que leurs victimes.

Il ne m'a fallu que quelques heures pour trouver un jeune garçon de quatorze ans qui ne m'a coûté que quatre-vingts dollars. J'ai dû donner la moitié à son souteneur, lui-même âgé de dix-huit ans à peine, qui m'avait offert sa copine pour quelques centaines de bahts. Le jeune homme ne parlait même pas un mot d'anglais et, pour quelques dizaines de dollars, il était poussé dans les bras d'inconnus. Je me souviens encore de son soulagement quand, satisfait d'avoir réussi à filmer avec une caméra cachée la transaction, je lui ai dit qu'il pouvait partir, prétextant avoir changé d'idée. Il a pris ses jambes à son cou sans demander son reste.

Pattaya me donne la nausée. Je n'aime pas son odeur, je n'aime pas ses touristes, pour qui la plage n'a pas besoin d'être belle puisqu'elle ne leur sert qu'à passer le temps en attendant la nuit. Je n'aime pas les Québécois que j'y ai rencontrés, qui y ont leurs habitudes, qui se permettent au grand jour ce dont ils n'osent que fantasmer dans la noirceur de leurs rêves pervers chez nous. J'avoue que je riais intérieurement de les voir se sauver en courant après que je leur ai mis un micro sous le nez et qu'ils m'ont reconnu. Mais l'idée que Nann croie que je suis l'un de ces touristes me rend mal à l'aise. Encore le malaise.

Elle semblait déçue d'ailleurs que je préfère aller à Pattaya plutôt que de la revoir. Peut-être était-elle simplement déçue de perdre un client pas très exigeant. Elle m'a rappelé deux fois pendant mon séjour, pour prendre des nouvelles et savoir si je voulais la revoir. Je lui répondais que j'étais toujours à Pattaya.

« Tu me rappelles quand tu reviens, Michel ?

— Promis, Nann, promis. »

Je repartais avec le matériel espéré pour mes reportages. Mais je n'arrivais pas à me débarrasser de cette sensation de malaise. Nann m'avait bien aimé, m'avait sans doute trouvé gentil, probablement différent de ses clients habituels. Moi, j'avais l'impression de lui avoir menti encore plus qu'eux. C'était mon travail, je n'avais pas le choix, et de toute façon je l'avais payée, même si c'était simplement pour discuter. Malgré tout, quelque part au fond de moi, je savais que d'une certaine manière j'avais trahi sa confiance.

La veille de mon retour à Montréal, elle m'a rappelé une dernière fois.

« Je pars demain, Nann, je retourne au Canada. Je vais peut-être revenir, je ne sais pas.

— Tu me rappelles à ton retour, Michel ?

— Oui, Nann, promis. » Un dernier mensonge avant de partir.

CHAPITRE 9

Les humanitaires

Les Canadiens semblent souvent si préoccupés par le rôle de leur pays dans le monde. Le sujet revient constamment dans l'actualité. Chaque fois qu'une crise éclate, nous nous questionnons. Que devons-nous faire? Quelle position le Canada doit-il adopter? Nous en parlons, en débattons parfois férocement. Et la controverse se poursuit souvent pendant des semaines, des mois, des années. Même après que nous avons fait un choix et pris finalement position. L'exemple récent de l'Afghanistan et du débat sur le rôle de la mission des Forces canadiennes illustre bien cette habitude de tergiversation toute canadienne.

Mais pendant que les élites transforment régulière-ment la question du rôle du Canada dans le monde en duel idéologique, de nombreux Canadiens, loin de ce tumulte politique, agissent, simplement. Pour eux, le débat est clos. En fait, il n'y a pas de débat. La ques-tion n'est pas de savoir s'il faut agir, ni jusqu'à quel point il faut s'impliquer ou contribuer. Pour cette race rare, aider est une seconde nature, une habitude de vie, mieux, une règle de vie.

J'ai rencontré de ces gens chaque fois que je suis allé dans une zone de guerre ou sur les lieux d'une catastrophe. Quel que soit le continent, je suis tombé par hasard, sans les chercher, sur des Canadiens participant à une forme ou une autre d'action humanitaire.

Et si les politiciens me laissent habituellement froid, cette race d'hommes et de femmes, qu'on appelle familièrement les « humanitaires », me fascine, car elle me rappelle chaque fois ce qu'il y a de plus noble chez l'être humain : le désir d'être utile.

>>>

Le bon docteur

Devant moi, la route disparaît sous l'eau, engloutie. L'inondation a transformé la plaine en lac. La route est engloutie sous un mètre d'eau. À droite, je vois un autobus qui s'est égaré en tentant de passer. Il est sorti de la route et s'est enfoncé. L'eau arrive à la hauteur des vitres. Une eau sale, corrompue par la décomposition des corps des victimes de l'inondation qui a complètement ravagé Les Gonaïves, dans le centre d'Haïti.

Hier, des passeurs nous ont aidés à traverser le lac. Pour quelques dollars, ils marchent devant vous en vous guidant pour s'assurer que vous ne quittiez pas la chaussée. Le passage le plus délicat est un pont qu'il faut traverser sans jamais le voir. Ceux qui s'aventurent par eux-mêmes se retrouvent comme cet autobus presque entièrement submergés. Ils restent là en bordure de la route, comme des épaves. Personne ne s'en soucie plus.

Hier, j'ai vu une jeep de l'ONU s'enfoncer sous l'eau juste devant moi. Le lac l'a avalée en quelques secondes. Ses occupants ont juste eu le temps de sortir et de se réfugier sur le toit en attendant qu'on leur vienne en aide.

Le niveau de l'eau a encore monté depuis la veille ! Le problème, ce n'est pas l'eau. Même immergé, le moteur diesel de la jeep continue de tourner. Ma crainte, c'est le fort courant. Si nous tentons de passer, nous risquons d'être emportés. Pourtant, il faut y aller. Que faire ?

Soudain, je vois arriver derrière moi un gros camion. Il crache de sombres nuages et fait un bruit d'enfer, mais il avance. Dans sa boîte, une vingtaine d'hommes tentent tant bien que mal de se tenir debout en s'agrippant à une corde qui tombe du plafond.

J'interpelle le chauffeur.

« Je veux louer ton camion. Combien pour nous amener aux Gonaïves et nous ramener ? »

L'homme doit avoir quarante-cinq ans. Ses mains noueuses sont crispées sur le volant, ses vêtements crasseux tombent en lambeaux.

« Je ne peux pas vous emmener. Je dois transporter ces gens, derrière.

— Pas de problème, on les amène avec nous jusqu'à la ville. Ensuite, on continue.

— Non, non. Pas possible, dit-il en me faisant signe de la main de m'en aller.

— Je te donne deux cents dollars. »

Là, j'ai vraiment capté son attention. Il tente de faire monter les enchères.

« Trois cents », dit-il, presque sur un ton de défi. C'est plus qu'il ne gagne probablement dans une année.

« Écoute, deux cents dollars, c'est beaucoup d'argent pour deux heures de balade. J'ai dit deux cents.

— Bon, ça va, deux cents dollars », laisse-t-il tomber, comme s'il me faisait une faveur.

Le réalisateur, François, reste sur place pour surveiller la jeep. Je m'assois devant, à côté du chauffeur, avec la caméra sur les genoux. Le caméraman, Luc, et mon *fixer,* André, montent derrière et s'agrippent à un bout de corde. En route !

Une demi-heure plus tard, nous entrons dans la ville. Après avoir déposé nos passagers, nous tentons de nous approcher des quartiers les plus touchés. Certains sont toujours complètement submergés. D'autres restent accessibles à pied, mais les tonnes de boue et d'eau dans les rues rendent les déplacements très difficiles. Beaucoup de résidences ont été ou sérieusement endommagées ou carrément détruites.

Celles qui ont résisté servent maintenant d'abris aux sinistrés. Réfugiés en groupes sur les toits, ils nous regardent passer en silence. Une odeur pestilentielle pèse sur la ville, l'écrase, l'odeur de la mort qui rôde. Plus de mille cinq cents personnes ont été tuées, et de nombreux corps pourrissent encore sur place, se décomposent dans une eau putride, infecte. Pas une seule infrastructure de santé ne tient encore debout. L'hôpital est en ruine. Tout le matériel médical a été détruit. La situation est urgente. Il faut de l'aide et vite. Mais comment, et surtout par où commencer ?

Après avoir tourné le matériel pour notre reportage, nous reprenons la route. Naviguer dans les étroites rues haïtiennes encombrées avec notre gros paquebot n'est pas aisé. Il faut se montrer patients. Mais nous y parvenons tant bien que mal. Deux heures plus tard, nous traversons le lac de nouveau, en sens inverse. Une longue file de véhicules s'est formée. Personne n'ose défier les flots. Tout le trafic routier est bloqué. Je paie mon chauffeur et le remercie. En cherchant ma jeep dans le capharnaüm de véhicules immobilisés, je remarque un véhicule marqué d'une grosse croix rouge, caractéristique du personnel médical.

À côté, trois hommes. Le visage de l'un d'eux me semble familier. Grand, mince, la barbe courte, les cheveux au vent, des lunettes à la mode sur le nez, c'est bien lui.

« Bonjour, docteur Thomas, quel bon vent vous amène ? »

Réjean Thomas, le célèbre médecin québécois, se retourne, visiblement étonné de se faire ainsi interpeller à l'autre bout du monde.

« Oui, ah !

— Michel Jean, de Radio-Canada. Vous allez bien ?

— Oui, oui. On attend de voir si on peut passer. »

Réjean Thomas, après s'être fait connaître pour son rôle d'ambassadeur dans la lutte contre la propagation du sida, milite maintenant au sein de l'organisme Médecins du monde. Comme Médecins sans frontières, l'organisation charitable dépêche des équipes médicales en zones de crise et lors d'opérations humanitaires. Le personnel agit bénévolement.

C'est un travail difficile puisqu'il faut intervenir dans des situations extrêmement pénibles. La tâche qui l'attend aux Gonaïves est particulièrement ardue.

Le bon docteur Thomas, une personnalité appréciée des médias, n'a parlé à personne de son départ pour Haïti. Et il est là devant moi.

« Qu'est-ce que vous allez faire, docteur?

— On va voir. Les besoins sont démesurés. Pour l'instant, on craint surtout que des épidémies éclatent. Il faut de toute urgence mettre en place des mesures pour les prévenir. C'est très préoccupant. Alors on va voir ce qu'on peut faire. Nos moyens sont limités, mais l'aide internationale s'en vient. Nous, on est un peu des éclaireurs. On fait notre petite part. Ce n'est pas grand-chose, mais vous savez, on contribue à la mesure de sa capacité.

— Bonne chance, docteur. Bonne chance. Vous allez voir, la situation est catastrophique. C'est un drame humain épouvantable. Ils ont besoin de vous. Soyez prudent quand même.

— Ben oui, ne vous inquiétez pas. »

>>>

L'organisateur

L'inondation des Gonaïves a mis en évidence les conséquences de la déforestation massive en Haïti. Les pluies torrentielles de l'ouragan Jeanne ont provoqué de larges coulées de boue qui, en dévalant les montagnes, ont submergé une large partie de la ville. La catastrophe a déclenché une grave crise humanitaire dans ce pays où tous les équilibres sont fragiles et la lutte pour survivre, une affaire quotidienne. Encore une fois, la communauté internationale se mobilise pour aider Haïti, agenouillé. Des tonnes de nourriture sont recueillies en toute hâte.

Au Québec, plusieurs collectes s'organisent pour amasser de l'argent pour aider les victimes de l'inondation. L'aide commence à affluer de partout. Mais le temps presse. Le bilan des victimes s'alourdit de jour en jour. Le PAM, le Programme alimentaire mondial des Nations unies, déjà présent en Haïti, gère l'opération de secours.

L'agence alimentaire de l'ONU se prépare à dépêcher aux Gonaïves un premier convoi humanitaire constitué de douze camions tout-terrain transportant quarante tonnes de nourriture.

En appelant au PAM, j'apprends que son directeur en Haïti est un Montréalais, Richard Gauvreau. L'homme de quarante-deux ans est un professionnel de l'aide humanitaire.

Richard Gauvreau m'a donné rendez-vous chez lui. Nichée sur les hauteurs de Pétionville, sa villa est splendide. Le fonctionnaire international m'ouvre lui-même.

« Entrez, entrez. Venez, suivez-moi. »

En regardant autour de moi, je constate qu'il ne faut pas nécessairement faire vœu de pauvreté pour donner dans l'humanitaire.

« Voulez-vous un rhum punch ? J'adore le rhum.
C'est devenu une passion pour moi. Et vous savez,
me dit-il en s'enflammant, c'est peu connu, mais les
Haïtiens font le meilleur rhum au monde. Si, si ! Tout
le monde parle des rhums cubains. Ils sont bons, j'en
conviens, mais le Barbancourt haïtien leur est nettement supérieur.

— Le Barbancourt ? C'est une marque ? » Je l'avoue,
je ne connais rien aux alcools, mis à part le vin, et
encore !

« Ah oui. C'est un rhum fabriqué selon une recette
familiale mise au point en 1862. On ne le connaît
pas au Québec, car la SAQ n'accepte que les alcools
à 40°, et le Barbancourt a 42° d'alcool. C'est tellement
dommage. Vous êtes certain que vous ne voulez pas
un rhum punch ? Ma recette est canon !

— Merci, monsieur Gauvreau, une autre fois peut-
être », dis-je, un peu décontenancé. La villa, la passion pour le rhum, ce n'est certes pas l'idée que je me
faisais d'un travailleur humanitaire.

Le directeur du PAM m'entraîne sur la terrasse.
Nous nous assoyons à l'ombre. La conversation tombe
tout de suite sur l'organisation des secours. Guy Gauvreau parle vite et fort. Il s'impatiente. Les mots se
bousculent dans sa bouche, se déversent en cascades.
Il s'anime, fait de grands signes avec ses bras pour
mieux décrire les choses, écarquille les yeux. Il s'emporte, insiste sur l'urgence de trouver des solutions,
bref il parle avec passion.

« L'eau a emporté des maisons entières sur son
passage. Les gens n'ont même plus de quoi cuisiner,

explique-t-il. Nous pensons qu'à ce jour, au moins 175 000 personnes dans le pays sont victimes des inondations. Beaucoup de ces gens, qui étaient déjà vulnérables, ont perdu leurs maisons et le peu qu'ils avaient. Ces gens dépendent maintenant complètement du PAM et des agences humanitaires. Et mon rôle, c'est de les aider à passer au travers. Mais ce n'est pas facile, vous savez. En Haïti, rien n'est facile. »

>>>

Le lendemain, le premier convoi d'aide parti de Port-au-Prince arrive aux Gonaïves, apportant enfin un peu d'espoir. La nourriture stockée dans un vaste entrepôt sera distribuée par l'organisation non gouvernementale CARE. Mais l'espoir a souvent la vie courte dans ce pays. Les convois suivants sont victimes de pillages. Des bandits attaquent les camions, s'emparent de leur contenu pour le revendre ensuite aux victimes démunies des inondations. Ils ont volé un camion transportant trente tonnes de riz. Quelques jours plus tard, ils ont assiégé un véhicule de Médecins du monde, puis un camion de la Croix-Rouge.

Les problèmes ne s'arrêtent pas là. Les soldats de la Mission des Nations unies pour la stabilisation en Haïti, la MINUSTAH, chargés d'assurer la sécurité, doivent utiliser des gaz et tirer des coups de feu dans les airs pour repousser la foule affamée lors des distributions de nourriture. Des jeunes hommes armés de barres de fer attaquent les camions remplis de vivres pour les détourner. La situation déjà difficile devient intenable.

Pour faire le point, j'appelle le directeur du PAM. Au téléphone, Guy Gauvreau se montre inquiet.

« Monsieur Gauvreau, ça ne fonctionne pas. Il n'y a rien qui marche. Les camions sont attaqués, les points de distribution aussi. C'est le bordel ! »

Sans même une seconde d'hésitation, Guy Gauvreau riposte.

« Je le sais. Nous éprouvons des problèmes. Je me rends demain sur place en personne pour tenter de les régler.

— Vous vous rendez aux Gonaïves ?

— Oui, demain matin, par hélicoptère.

— Je peux vous accompagner ?

— Ça doit pouvoir s'arranger, monsieur Jean. »

Le lendemain, à la première heure, je me présente à l'aéroport au point de rencontre prévu.

Dès mon arrivée, un problème survient.

« Vous êtes sûr ? Je ne comprends pas. Michel Jean et Luc Hains. Les noms doivent être sur votre liste.

— Non, vous n'y figurez pas. Pas question de monter à bord de l'hélicoptère. »

Le fonctionnaire de l'ONU est intraitable.

Au bout du corridor, j'aperçois Guy Gauvreau qui arrive.

« Monsieur Gauvreau, hé ! Monsieur Gauvreau ! C'est Radio-Canada, monsieur Gauvreau ! »

Je crie de toutes mes forces.

Guy Gauvreau se retourne finalement, se dirige vers moi. Il paraît visiblement préoccupé.

« Monsieur Gauvreau, il y a un problème. Il n'y a pas de place pour nous dans l'hélicoptère, semble-t-il.

— Attendez, je reviens. Je vais voir ce que je peux faire. »

Cinq minutes plus tard, le directeur du PAM est de retour.

« Ça va, j'ai arrangé ça. Ça va être serré au retour, mais vous avez deux places. »

Ouf! Je suis soulagé. La bureaucratie onusienne a décidément le don de me rendre fou. L'hélicoptère décolle quelques minutes plus tard. Voler, en Haïti, est une façon beaucoup plus confortable de voyager que d'utiliser la route. Du haut des airs, on ne sent pas les célèbres nids-de-poule haïtiens, souvent suffisamment gros pour cacher une automobile. Une heure après avoir décollé, nous survolons Les Gonaïves. Du haut des airs, on constate mieux l'ampleur des dégâts. La ville n'est qu'une immense mare de boue putride.

L'appareil se pose au poste de commandement des services de secours.

Guy Gauvreau se dirige d'un pas rapide au quartier général. Pendant une heure, le Québécois écoute, discute, fait le point sur la situation.

Puis, nous nous rendons à l'un des points de distribution. Gauvreau donne des directives aux militaires qui assurent la sécurité. Il négocie avec les citoyens, tente de les convaincre de collaborer. Ça marche, les choses se passent relativement bien, mieux en tout cas qu'au cours des derniers jours.

Mais il y a un autre problème à régler.

Le premier ministre Gérard Latortue refuse l'idée d'évacuer Les Gonaïves. Au téléphone, Guy Gauvreau négocie. Pas facile, le premier ministre est vexé. Il reproche aux organismes internationaux d'agir sans consulter son gouvernement, de faire ce qu'ils veulent sans même demander l'aide ni l'avis de l'État haïtien. Pour affirmer la position du gouvernement haïtien, il vient de nommer un émissaire spécial responsable de coordonner sur place les efforts de soutien.

Pour Guy Gauvreau, cela veut dire un responsable gouvernemental de plus avec qui il faut négocier. Encore un peu de temps perdu. Mais jamais, au téléphone ou pendant la journée, le Québécois n'élève la voix. Peu importent les difficultés éprouvées, l'homme sait garder son calme.

La journée avance. Un nouveau problème se présente. Il y a encore de la violence sur les sites de distribution de nourriture. Gauvreau décide de se rendre sur place en personne pour superviser l'opération. Je le suis. Dans le but d'éviter que des bandits détournent la nourriture et pour limiter les risques de batailles, les coupons de distribution ne sont attribués qu'aux femmes. Quand nous arrivons, cela fait déjà plusieurs heures qu'une longue file s'est formée devant le poste surveillé par des militaires brésiliens, membres de la MINUSTAH. Le soleil plombe et les femmes souffrent en silence. La sueur perle sur leurs visages sombres. Elles ont le regard stoïque des êtres qui ont l'habitude de la souffrance et savent lui tenir tête.

En face d'elles, un groupe de jeunes hommes manifeste sa colère. Parmi eux, des membres de gang jouent les agitateurs. Ils sont faciles à reconnaître. Ils sont les seuls ici à porter des vêtements à la mode américaine. «On veut notre part. On veut notre part. C'est injuste!» crie l'un d'eux. C'est un leader, un jeune gangster qui veut faire sa place. La mêlée éclate, des coups s'échangent, les militaires interviennent. La tension est au maximum, la situation risque à tout moment de virer à l'émeute. Plusieurs hommes dans le groupe manifestent parce qu'ils se sentent obligés d'obéir au chef de gang.

L'officier brésilien, qui prend cette peur pour du respect, fait venir le jeune gangster et le charge de maintenir l'ordre dans la foule. Assuré d'avoir ainsi sa part, il se retrouve de l'autre côté de la barrière, du même côté que les militaires, et le calme revient aussitôt dans la foule. L'officier pense avoir fait une bonne affaire, puisque sa manœuvre a réussi à calmer les esprits, mais en réalité, aux yeux des citoyens, il vient de cautionner sans le savoir les bandits qui les terrorisent. Dans l'esprit de ces gens, bandits et MINUSTAH se retrouvent maintenant du même côté de la clôture.

Gauvreau rage. Son pouvoir a ses limites et ne s'étend pas aux militaires.

«Il faut, comme le demande le premier ministre Latortue, augmenter le nombre de points de distribution de nourriture pour répartir la tension, dit-il. Mais nos ressources sont limitées.» Ce n'est pas simple, en effet.

La journée avance. Il est l'heure de partir. De retour à l'aéroport, un gros problème se présente. Il n'y a pas de place pour nous dans l'hélicoptère. Des responsables de la Croix-Rouge se sont ajoutés à la liste de passagers, et une équipe de collègues de TF1 a pris notre place.

Gauvreau me dit, impuissant : « Je ne peux rien faire, je ne sais pas comment vos noms ont été rayés à leur profit, mais il est trop tard. Vous savez comment la bureaucratie ici est compliquée. »

Je comprends, mais ça ne règle pas mon problème.

« Écoutez, monsieur Gauvreau. Si on ne monte pas dans cet hélicoptère, notre journée sera perdue. Il n'y a pas moyen ici d'alimenter des images au Canada. Aussi bien dire qu'on a travaillé pour rien. Vous comprenez ? Si Luc et moi ne montons pas dans cet appareil, il n'y a pas d'histoire ce soir au *Téléjournal*. Personne ne sera au courant des efforts déployés ici. Vous comprenez, soit on embarque, soit il n'y a pas de reportage. C'est aussi simple que ça. »

Je regrette de devoir le mettre ainsi au pied du mur. Mais rester coincé ce soir aux Gonaïves n'est pas une option acceptable pour moi. Il faut absolument que je retourne à Port-au-Prince.

Gauvreau fronce les sourcils, hésite un moment, puis fait demi-tour et fonce de nouveau à l'intérieur.

Cinq minutes plus tard, il ressort en souriant.

« Dépêchez-vous, l'hélicoptère vous attend.

— Et les Français ?

— Ils vont devoir dormir ici. Un hélicoptère les évacuera demain matin.

— Ce soir, c'est moi qui paie le rhum punch, monsieur Gauvreau ! »

Le directeur du PAM éclate de rire avant de répondre à son portable qui sonne de nouveau.

J'ai revu le caméraman et le preneur de son français quelques années plus tard, à Beyrouth. Il m'a fallu quelques bonnes bouteilles de vin pour me faire pardonner...

La diplomate

Ce matin-là, je roulais en direction de Zubayr, près de Bassora, dans le sud de l'Irak. J'adore rouler sur ces routes semi-désertiques, balayées par le vent et le sable jaune. Je n'ai pas encore trouvé de sujet pour aujourd'hui. Je ne m'inquiète pas trop. Les bonnes histoires ne manquent pas pour un reporter dans ce pays déchiré par la guerre. Et de toute façon, j'aime bien partir ainsi à la pêche.

Sur ma droite, j'aperçois une caravane de jeeps arrêtée sur le bord du chemin. Ce qui m'intrigue, c'est le logo peint sur les portières latérales des véhicules. UN, le signe distinctif, connu partout dans le monde des véhicules officiels des Nations unies. Le problème, c'est que l'ONU a évacué l'Irak il y a plusieurs semaines. La situation était devenue intenable. Incapable d'assurer la sécurité de son personnel et craignant qu'il ne soit utilisé en désespoir de cause comme bouclier humain par Saddam Hussein, l'ONU avait dû se résigner à quitter le pays. Alors, que font ces jeeps ici ? Peut-être ont-elles été volées ?

Pour en avoir le cœur net, je fais demi-tour. Une dizaine de véhicules sont immobilisés le long de la route. Un groupe d'hommes discute autour d'une carte géographique. J'interpelle l'un d'eux, un grand type blond qui n'est visiblement pas un voleur irakien.

« Bonjour, je suis du Canada. Dites-moi, êtes-vous des Nations unies ?

— Oui. On est de l'ONU.

— Qui est le patron ?

— C'est elle, là-bas. »

L'homme me montre une femme du doigt. C'est une Asiatique, toute menue. Elle doit avoir environ cinquante ans et a gardé toute sa beauté.

Arrivé à sa hauteur, je lui demande en anglais :

« Bonjour, vous êtes des Nations unies ?

— Oui, oui, répond-elle d'une voix grave en fixant sur moi son regard calme, empreint d'assurance.

— Est-ce que je peux vous demander ce que vous faites ici ?

— Nous sommes une équipe d'éclaireurs. Nous venons voir si la situation nous permet de revenir en Irak. Si c'est suffisamment sûr pour notre personnel. »

Oh, oh, me dis-je intérieurement. Les premiers représentants de l'ONU à revenir en Irak sont là devant moi. Gros *scoop* !

« Dites-moi, madame, est-ce que mon caméraman et moi pouvons vous suivre ? On se fera discrets. On veut juste voir comment ça se passe.

— Certainement, dans la mesure où vous ne nuisez pas à notre mission.

— Pas de problème, on va rester en retrait, promis. » Je jubile.

« Est-ce que je peux vous demander votre nom, madame ?

— Je m'appelle Kim Bolduc. »

Bolduc ? Tremblay, tant qu'à y être !…

« Madame Bolduc, parlez-vous français par hasard ? »

Elle réplique avec un sourire amusé : « Bien sûr. Je suis de Montréal. »

En retournant à ma jeep, je me dis que la pêche était vraiment bonne aujourd'hui.

>>>

La présence d'une équipe d'éclaireurs s'expliquait par l'empressement de l'Organisation des Nations unies de rétablir une structure d'aide en Irak. L'ONU voulait restaurer le plus rapidement possible un programme de distribution alimentaire, car avant la guerre, au moins 60 % de la population irakienne dépendait des rations distribuées dans le cadre du programme *Pétrole contre nourriture*. Il fallait aussi rétablir la distribution d'eau potable. Remettre en marche un système de santé paralysé par la guerre. Bref, les besoins étaient immenses et pressants. Mais l'ONU devait d'abord s'assurer qu'elle pouvait travailler sans que la sécurité de son personnel soit menacée. Ce qui était loin d'être évident. Saddam Hussein

était en fuite, mais le danger restait présent partout
en Irak.

>>>

Arrivé à Zubayr, le convoi s'arrête d'abord dans une
école coranique. Un groupe de notables l'y attend. Ils
sont une vingtaine d'hommes d'âges divers. Il y a un
imam dans le groupe. Kim Bolduc pose des questions
de sa voix grave et posée, cherchant à savoir si ces
gens sont disposés à offrir leur aide. Au fil des conversations qui se font par l'entremise d'un traducteur, la
responsable de l'ONU cherche à déterminer le niveau
de sécurité que la région offre. Ses interlocuteurs
l'écoutent poliment. Mme Bolduc les traite avec respect et ces hommes en font autant, bien qu'ils n'aient
pas l'habitude de négocier avec une femme, encore
moins une femme en position d'autorité. Même si le
régime du parti Baas de Saddam Hussein était une
organisation laïque, les femmes sont tenues écartées
de la vie publique dans les sociétés chiites du Sud
irakien. Menue, élégante dans sa tenue kaki, fixant de
ses beaux yeux bridés chacun de ses interlocuteurs,
la femme de cinquante ans arrive à mener les discus-
sions avec assurance.

Après l'école, Kim Bolduc et son équipe d'experts
vont visiter les services de santé locaux et les différents
centres névralgiques de la ville. C'est un travail d'analyse et d'évaluation difficile, car comment être certain
de la sincérité de vos interlocuteurs et de leur fiabilité,
comment arriver à voir l'utilité de leur appui?

Au terme de sa visite, cependant, la fonctionnaire onusienne semble satisfaite de ce qu'elle a vu. « Et puis, madame Bolduc, qu'en pensez-vous ?

— Nous allons devoir étudier tout ça. Mais c'est encourageant. Vous savez, l'ONU n'a pas quitté l'Irak de gaieté de cœur. Bien au contraire. Nous l'avons fait parce que nous n'avions pas le choix, nous ne voulions pas risquer la sécurité de notre personnel. Mais nous sommes impatients de revenir. Les besoins sont criants. Ce que je vois ici me donne espoir. Les gens que j'ai rencontrés veulent nous aider. Le problème, évidemment, ce sont les autres. Ceux qui ne sont pas ici et qui ne tiennent pas au retour d'un organisme comme les Nations unies. Ceux-là, il faut s'en méfier. Ce n'est pas simple, vous savez. »

Elle fait une pause, regarde autour d'elle.

« Malgré tout, notre rôle en tant qu'employés de l'Organisation des Nations unies, c'est d'être là où les gens ont besoin de nous. Et actuellement, les Irakiens ont besoin de nous, l'Irak a besoin de l'ONU. Il faut rapidement acheminer de l'aide aux populations, organiser l'aide internationale. C'est un travail énorme. Les organisations caritatives ne suffiront pas à la tâche, il leur faut le soutien de l'ONU. Et ce n'est pas le travail des militaires, c'est notre travail, c'est mon travail. »

Je serre la main de Kim Bolduc en la quittant.

« Bonne chance, mais soyez prudente, madame Bolduc. »

Elle sourit, pas un sourire large, un sourire retenu, discret, mais chaleureux.

« Vous aussi, Michel. »

Quelques semaines après ma rencontre avec Kim Bolduc sur la route de Zubayr, le personnel de l'ONU était de nouveau au travail en Irak. La Canadienne y était également. Malgré le danger, elle occupait le poste névralgique de conseillère principale du coordonnateur humanitaire à l'ONU en Irak.

Ma mission à moi, toutefois, était terminée. J'étais de retour au Canada. Alors que j'étais occupé à tenter de faire parler un fonctionnaire récalcitrant au téléphone pour un reportage pour *Le Téléjournal* du soir, une collègue m'apporte une dépêche et me dit sur un ton qui annonce quelque chose de grave : « Tiens, Michel, je pense que ça va t'intéresser. » Je prends la dépêche, la parcours. « L'attentat contre le quartier général de l'ONU à Bagdad : une Canadienne parmi les blessés. » Soudain, mon cœur s'emballe. Les mauvaises nouvelles, le malheur, me donnent le vertige.

« Une explosion d'une rare violence a fait vingt et une victimes parmi le personnel. L'attentat, visiblement l'œuvre d'un kamikaze, visait les principaux responsables de l'ONU en Irak. Les dommages sont considérables. L'envoyé des Nations unies en Irak, Sergio Vieira de Mello, a été tué. L'attentat terroriste a également fait de nombreux blessés, dont la Canadienne Kim Bolduc. Mme Bolduc est hospitalisée. On ne connaît pas la gravité de son état pour le moment. »

Je dépose la dépêche devant moi. Dehors, le soleil brille sur Montréal. Les autos filent sur l'avenue Viger. De l'autre bout du monde, la dureté de la guerre vient me frapper à nouveau, me rappeler la fragilité de notre existence. Me rappeler que le danger que l'on côtoie sans toujours le voir peut se manifester à tout moment.

>>>

Kim Bolduc a survécu à l'attentat. Un coup de chance incroyable. Elle se trouvait en compagnie des principaux responsables onusiens dans la pièce près de laquelle un camion transportant près de sept cents kilogrammes d'explosif a sauté. La réunion était sur le point de commencer quand la déflagration a soufflé l'édifice. Mme Bolduc était assise à l'une des extrémités de la table, calée dans un large fauteuil faisant dos à la fenêtre donnant sur la rue. Le verre a volé en éclats, projetant des milliers de poignards tranchants dans la pièce.

Kim Bolduc n'a rien vu. Le choc lui a fait perdre connaissance, une seconde seulement. Le temps de fermer les yeux, de sentir passer le souffle destructeur. Quand elle les a rouverts, tous ses collègues, ses amis assis autour de la table avaient été tués ou grièvement atteints par les débris et le verre pulvérisé. Kim Bolduc a été sauvée par son large et épais fauteuil et sa petite taille. Une personne plus grande aurait probablement été tuée. Elle aurait vraisemblablement été atteinte à la tête elle aussi par une lame de verre.

Mais calée dans son siège trop grand pour elle, Mme Bolduc n'avait subi que des coupures, des blessures sévères, mais pas mortelles. Les plaies intérieures, celles qui ont été causées par l'insupportable spectacle de ses collègues, ses amis massacrés devant elle, par le grondement étourdissant de la déflagration, par la proximité, presque l'intimité insupportable de la mort, allaient-elles laisser des séquelles? Laisseraient-elles une trace, une cicatrice indélébile dans l'âme de cette femme qui avait fait de servir la paix une mission, une manière de vivre, sa vocation?

Dans la salle des nouvelles, l'annonce qu'une Canadienne a été blessée en Irak devient vite un sujet d'actualité. Bien malgré elle, Kim Bolduc se retrouve une deuxième fois sous les projecteurs, et moi, soudain, je suis en une seconde replongé en Irak avec elle. En passant à travers toutes les inscriptions de Bolduc du bottin téléphonique de Montréal, je réussis à trouver son fils et sa sœur.

Je suis allé les rencontrer. Ils venaient de parler à Kim et ils étaient à la fois rassurés et fous d'inquiétude.

« Elle m'a dit que tout va bien. Mais je la connais, me dit sa sœur. Elle est sous le choc. »

Qui ne le serait pas? J'étais également soulagé de savoir Mme Bolduc saine et sauve. Je ne l'avais connue que quelques heures, pas même une journée. Pourtant, j'étais extrêmement touché par ce qui lui était arrivé. Pourquoi étais-je si bouleversé? Peut-être que dans l'aventure et le danger, l'adrénaline qui coule dans les veines agit tel un catalyseur grâce auquel les liens entre les individus se tissent plus rapidement. Peut-être aussi que le simple fait de vivre avec d'autres un moment, une expérience exceptionnelle, provoque cette impression d'avoir partagé quelque chose de spécial.

Kim Bolduc fut rapatriée quelques jours plus tard, sitôt que son état avait été stabilisé. Son fils et sa sœur l'attendaient nerveusement. J'étais là aussi. Lorsque les larges portes vitrées se sont ouvertes, j'ai reconnu la frêle silhouette. L'air las, Kim Bolduc souriait malgré tout, encore. C'était le même sourire, un sourire plein de retenue, d'élégance. Son visage amaigri portait les cicatrices de l'explosion. Elle avait subi plusieurs coupures, dont une large près de l'oreille. Les cicatrices n'avaient pas entamé sa beauté sobre ni ses manières distinguées de diplomate.

Son fils et sa sœur ne lui sautèrent pas au cou. Ils l'étreignirent avec émotion, mais sobrement dans les circonstances. Sa sœur pleurait en silence. Kim Bolduc, elle? Elle souriait, malgré la fatigue et la douleur.

Je suis resté en retrait. J'étais encore un observateur. Après avoir serré les siens contre elle longuement, Mme Bolduc releva la tête et me regarda. Elle souriait toujours.

«Bonjour, Michel.

— Bonjour, madame Bolduc», dis-je en lui serrant chaleureusement la main. Je retenais mes larmes.

«Content de vous revoir.

— Moi aussi.»

>>>

L'envoyé spécial est constamment confronté à l'injustice, à la misère, au malheur. Les crises humanitaires, la guerre, les catastrophes naturelles racontent toutes l'histoire des victimes et de leurs familles. Même s'il est appelé à côtoyer la douleur et la souffrance, le journaliste doit garder une distance. Pour conserver au moins une certaine objectivité, et pour se protéger afin de continuer à faire son travail. Cela ne l'empêche pas d'être ému, touché, interpellé personnellement par ce qu'il voit et vit, mais la distance agit comme un paratonnerre, elle lui évite d'être directement concerné, de devenir un acteur des circonstances qu'il doit rapporter. À distance, même infime, il peut plus facilement jouer son rôle, rester un observateur, une courroie de transmission entre les événements et les téléspectateurs.

Les travailleurs humanitaires, eux, sont directement impliqués dans l'action, ils en sont des acteurs. La nature même de leur travail les plonge au cœur du drame. Ils ne peuvent se contenter d'observer, de côtoyer le malheur, ils le combattent sur son terrain, face à face, à mains nues. Il faut beaucoup de ressources personnelles pour y arriver et maintenir son intégrité. Plusieurs tombent au combat.

Mais ces acteurs de l'humanitaire jouent un rôle crucial dans le monde, un rôle méconnu qui nécessite du courage, de la volonté et une bonne dose d'abnégation. Et chaque fois que je me suis retrouvé au front, sur les lieux d'une catastrophe, d'un drame, là où des gens ont besoin d'aide, de l'aide de leurs semblables, j'ai vu des humanitaires de chez nous, comme Réjean Thomas, Guy Gauvreau et Kim Bolduc.

Des Canadiens qui ne s'interrogent pas sur le rôle que devrait jouer leur pays, car ils sont trop occupés à faire leur part, trop occupés à essayer de rendre leur monde plus supportable, parfois à aider simplement un enfant à survivre un jour de plus.

Le docteur Réjean Thomas travaille toujours à sa clinique montréalaise. Spécialiste du sida et des maladies transmissibles sexuellement, il reste un expert respecté et écouté au Québec. Il continue également son travail au sein de Médecins du monde.

Guy Gauvreau a supervisé la distribution de 6 200 tonnes de riz, haricots, biscuits et maïs à environ 160 000 personnes à la suite des inondations causées par l'ouragan Jeanne. La tempête aura fait en tout près de 2 000 morts et 900 disparus dans le nord d'Haïti. Après avoir terminé son mandat dans ce pays, il a été envoyé par l'ONU au Pérou pour y diriger le PAM. À l'été 2007, à la suite d'un terrible tremblement de terre qui a ravagé le Pérou, c'est lui qui se retrouvait une fois de plus à la tête de la vaste opération d'assistance alimentaire destinée à venir en aide à 80 000 personnes. De Lima, il lança un nouvel appel à la générosité.

« Nous dépendons de la générosité des donateurs, rappelait-il dans un communiqué. La crise va peut-être disparaître de la une des journaux, mais des dizaines de milliers de personnes touchées par la catastrophe vont en subir les conséquences pendant de longs mois », ajoutait-il.

Loin des projecteurs, dans l'ombre, cet amateur de rhum poursuit son travail.

Kim Bolduc a soigné ses blessures auprès des siens à Montréal. Une longue convalescence, nécessaire pour soigner le corps et apaiser l'âme blessée de cette conseillère principale du coordonnateur humanitaire en Irak. Peu de temps après son retour, elle raconta au sujet de sa convalescence, dans une entrevue à la radio : « Physiquement, chaque jour je vais mieux. Psychologiquement, c'est plus difficile. Il faut accepter l'événement. Politiquement, ça concerne l'ONU. »

Pour comprendre et accepter comment elle a survécu à l'attentat du siège de l'ONU à Bagdad, Kim Bolduc rédige un journal personnel.

« Cette tragédie est sans précédent pour nous. J'essaie de comprendre, de remettre les pièces de ce casse-tête en place, et de savoir comment faire pour avancer après avoir perdu une centaine de personnes qualifiées. »

Une fois rétablie, Mme Bolduc a repris du service, comme Guy Gauvreau, en Amérique du Sud. Elle dirige le bureau de l'ONU au Brésil.

La Légende
de la princesse Vihara
Maha Devi

La princesse Vihara Maha Devi vécut au deuxième siècle avant notre ère. Son père, le puissant roi Kalanitissa régnait sur une partie du Sri Lanka. Kalanitissa aimait passionnément la reine Maya Rata, sa femme. Mais le cœur de celle-ci appartenait secrètement à un autre homme, le propre frère du roi, le prince Uttiya. Un amour brûlant, interdit, qui les poussait malgré le danger à se retrouver pour s'aimer en secret. Quand le roi Kalanitissa apprit la trahison de son frère et de sa femme, il en fut pétrifié de douleur.

Uttiya dut fuir pour se mettre à l'abri de la colère royale. Mais loin de celle qu'il aimait, il se languissait. Il lui écrivit une lettre et chargea son serviteur de la lui porter. C'était une mission périlleuse. Mais le serviteur d'Uttiya était un homme rusé. Il se déguisa en moine, et profitant du passage d'une procession de religieux se rendant à la cour, il se mêla discrètement à eux. Il réussit ainsi à pénétrer dans le palais royal. Lors d'une cérémonie, il réussit même à s'approcher suffisamment de la reine pour laisser tomber discrètement à ses pieds son précieux colis : la missive de son maître couverte de mots brûlants de tendresse pour la souveraine.

Malheureusement, le bruissement du papier sur le sol n'échappa pas au roi.

Kalanitissa avait entendu la lettre tomber, et il la trouva. Le serviteur d'Uttiya avait réussi à se mêler de nouveau à la foule, mais un autre moine se tenait près de la reine, ignorant ce qui venait de se passer. Aveuglé par la jalousie, le roi se méprit en croyant qu'il s'agissait du porteur de la lettre. Kalanitissa l'accusa de trahison et, emporté par sa colère, il fit aussitôt saisir le pauvre innocent et le condamna sur-le-champ à un sort horrible. Le roi ordonna que le moine soit noyé dans un grand chaudron d'huile bouillante.

Cette mise à mort cruelle et injuste d'un saint homme choqua profondément les dieux. Pour punir le roi, ils lancèrent sur son pays une vague monstrueuse. L'océan recouvrit le royaume, détruisant tout sur son passage. Désespéré, le roi cherchait un moyen de calmer la colère divine. Il réunit les sages de son royaume et leur demanda conseil. Les sages répondirent que la seule façon d'obtenir le pardon des dieux était de leur sacrifier ce que Kalanitissa avait de plus cher et de plus précieux, sa fille unique, la princesse Vihara Maha Devi, dont la beauté pure était célèbre dans tout le royaume. Mais le roi était incapable de se résoudre à condamner à la mort sa propre enfant. Il aimait trop sa fille pour s'en séparer et la sacrifier à la fureur des flots.

Apprenant cela, la princesse alla voir son père. Elle l'implora alors de ne pas se montrer égoïste, de renoncer à elle dans ce moment de grand malheur pour le pays. « Père, vous devez me laisser accomplir mon devoir. Et le devoir d'une princesse est d'accepter de se sacrifier pour son pays quand il est menacé. » Le roi hésita longtemps. Finalement, le cœur brisé, il se rendit aux arguments de Vihara Maha Devi. Elle fut donc placée sur une barque d'or sur laquelle furent inscrits son nom et son titre. La frêle embarcation fut ensuite poussée vers l'océan en furie, où les forts vents, des vents de colère, l'emportèrent rapidement vers le large. Bientôt, la coque disparut à l'horizon, emportant la princesse, le sacrifice de Vihara Maha Devi était consommé.

La mer se retira alors complètement, retrouvant son lit. Mais les dieux n'étaient pas encore calmés. L'inondation avait fait des ravages considérables dans le pays. Le roi Kalanitissa voulut visiter en personne les régions durement touchées. Entouré de sa suite, il se rendit à dos d'éléphant jusqu'à un endroit appelé Etubunwela. Là, la légende raconte que le sol s'ouvrit soudainement sous lui. Kalanitissa et son éléphant furent littéralement avalés par la terre. La colère des dieux pouvait enfin s'apaiser.

Pendant ce temps, les vents emportèrent la barque de Vihara Maha Devi loin vers le sud, jusqu'à la province de Ruhuna. Prévenu par les pêcheurs que les flots avaient amené une princesse d'une magnifique beauté, le roi, du nom de Kavantissa, se pressa d'aller l'accueillir sur la plage. Subjugué par la beauté de la jeune femme, le roi en tomba aussitôt amoureux. Il l'épousa peu de temps après.

>>>

Les jeunes Sri-Lankais apprennent dès l'école primaire l'histoire de la princesse Vihara Maha Devi. Son récit enseigne aux jeunes l'importance pour un État de se doter de leaders qui savent diriger avec sagesse. L'histoire du Sri Lanka est d'ailleurs ponctuée d'inondations, de sécheresses et autres désastres naturels qui frappent le pays quand le roi et la reine se montrent faibles et indignes, ou incapables de veiller sur l'intérêt général de leur peuple.

Vihara Maha Devi vécut réellement au deuxième siècle avant Jésus-Christ. L'histoire, bien que certainement romancée, de cette princesse cinghalaise coïncide avec une catastrophe naturelle qui a ravagé le Sri Lanka vers l'an 160 avant notre ère. De nombreux documents historiques confirment qu'une vague, venue de l'océan, a sans avertissement submergé toute la partie est de l'île, causant des dégâts importants. Il s'agissait en réalité d'un tsunami, le dernier à avoir frappé le Sri Lanka avant celui qui, en décembre 2004, allait à nouveau ravager la côte est du pays.

>>>

Galle, le 2 janvier 2005

L'ancienne ville de Galle domine le sud du Sri Lanka. Son quartier colonial, protégé de murs, à l'abri sur une colline, a été épargné par la vague. Mais toute la basse ville a été balayée par le tsunami. On a retrouvé des bateaux jusqu'à deux kilomètres à l'intérieur des terres. Au centre-ville, les autobus ont été baladés par les flots dans les rues de la ville telles de vulgaires gondoles. Une semaine après le drame, la ville encore trempée étouffe sous la chaleur. Elle pourrit dans l'humidité.

L'aide internationale s'organise. De nombreux organismes humanitaires sont déjà à pied d'œuvre pour tenter de venir en aide au petit pays dévasté. Des bénévoles de partout affluent, s'agitent. Il règne un sentiment d'urgence. La faim, les épidémies menacent d'éclater. Le temps presse. Il faut agir, et vite. Les habitants de Galle ont tout perdu, leurs maisons, leur travail, leurs proches. Les survivants se retrouvent devant rien, rien que la désolation, et cette mer magnifique, turquoise, limpide, si calme. Alors que le monde se mobilise pour venir en aide aux victimes du tsunami, les hommes sri-lankais, eux, semblent paralysés et étrangement amorphes.

Alors que les étrangers accourent des quatre coins de la planète pour participer aux secours, ces hommes se massent passivement sur la plage. Ils se tiennent près de l'eau, seuls ou par petits groupes, fixant l'horizon infini. Debout ou assis, ils restent là, immobiles, telles des vigies méticuleuses guettant le passage d'un navire.

Ces hommes paraissent mélancoliques, pétrifiés. Parfois, après être restés un certain temps au même endroit, ils se déplacent, dans l'espoir sans doute de trouver un meilleur point de vue. Une fois qu'ils croient l'avoir trouvé, ils redeviennent des spectateurs tranquilles.

Il arrive, mais rarement, qu'ils discutent entre eux. Ils parlent alors à voix basse, chuchotent comme s'ils craignaient d'éveiller les flots, de les alarmer, ou peut-être est-ce de les effrayer? De toute façon, leurs mots ne se rendent pas jusqu'à la mer. Ce sont des mots à couvert, livrés près de l'oreille de celui à qui ils sont destinés. Des mots de secrets, de confidences, paroles d'initiés que personne n'entend, ou des prières incantatoires. Qui sait réellement ce que ces hommes peuvent se dire dans le secret de leur chagrin?

À mesure que l'on progresse sur la côte dévastée du Sri Lanka, on les voit partout, de ville en village, ils forment un interminable chapelet de prieurs, agenouillés entre la terre et la mer.

Les hommes attendent, espèrent. Dans les jours qui ont suivi la catastrophe, la rumeur s'est répandue presque aussi vite que la vague qui a dévasté leur pays. Comme il a rendu la princesse Vihara Maha Devi après avoir puni le roi Kalanitissa, l'océan rendra les femmes, une fois sa colère apaisée. Il les ramènera doucement vers la terre ferme, saines et sauves. Deux mille ans après le dernier tsunami, l'histoire se répétera. Ces hommes qui fixent l'océan des jours entiers en sont convaincus. Ils doivent se montrer patients. Ce qu'ils surveillent de leurs mille postes de guetteurs, c'est une barque d'or. Une barque à bord de laquelle se trouve sûrement leur princesse. Ainsi, le devoir de ces hommes n'est pas de s'agiter, ni de reconstruire ou de déblayer ce qui reste de leur pays. Cela peut attendre. Leur devoir est de se montrer dignes, se montrer respectueux des dieux, de faire preuve de courage. Et les hommes courageux se tiennent debout face à la mer, face aux dieux. Attendre et croire, voilà le devoir d'un homme en ces temps de misère.

REMERCIEMENTS

Je dois ce livre à beaucoup de personnes qui me sont chères.

Merci à mes amis, Martin Balthazar, qui en a été l'instigateur, Nadia Jawhar, qui m'a convaincu de l'écrire, et Elsa Babaï, qui a eu la générosité d'en lire les différentes versions.

Et surtout, un merci infini à tous ces personnages que vous avez connus au fil des pages de ce livre et à mes camarades de travail, dont j'espère avoir su rendre le talent et le dévouement que j'apprécie tant.

Cet ouvrage a été composé en Mellior 11,85/15,75
et achevé d'imprimer en août 2008 sur les presses
de Quebecor World Saint-Romuald, Canada.

Imprimé sur du papier Quebecor Enviro 100 % postconsommation,
traité sans chlore, accrédité Éco-Logo et fait à partir de biogaz.

certifié   procédé   100 % post-   archives   énergie
         sans   consommation   permanentes   biogaz
         chlore